Markus Goldbach

Von Asgard bis Midgard

Eine Reise durch die nordische Mythologie

Markus Goldbach

Von Asgard bis Midgard

Eine Reise durch die nordische Mythologie

Rediroma-Verlag

Bibliografische Information der Deutschen Nationalbibliothek:
Die Deutsche Nationalbibliothek verzeichnet diese Publikation in der Deutschen Nationalbibliografie; detaillierte bibliografische Daten sind im Internet über http://portal.dnb.de abrufbar.

ISBN 978-3-98885-113-0

www.rediroma-verlag.de
12,95 Euro (D)

Inhaltsverzeichniss

Einleitung

Die nordische Mythologie ist eine der faszinierendsten und vielschichtigsten Mythologien der Welt. Ihre Geschichten von Göttern, Helden, Monstern und kosmischen Schlachten haben die Vorstellungskraft von Generationen von Menschen auf der ganzen Welt beflügelt. Dieses Buch wird in die faszinierende Welt der nordischen Mythologie eintauchen und ihre zentralen Aspekte, Figuren und Geschichten eingehend beleuchten.

Die nordische Mythologie ist die mythologische Tradition der nordgermanischen Völker, die hauptsächlich in Skandinavien, Island und Teilen Nordeuropas beheimatet waren. Diese Mythologie umfasst ein breites Spektrum an Erzählungen, die die Beziehungen zwischen Göttern, Menschen, Riesen und anderen Wesen beschreiben.

Im Zentrum dieser Erzählungen steht die Vorstellung von einer komplexen und vernetzten Welt, die von einer Hierarchie göttlicher Wesen und einer kosmischen Ordnung geprägt ist.

Ein herausragendes Merkmal der nordischen Mythologie ist ihre epische Qualität. Die nordischen Mythen sind oft von heroischen Taten, großen Schlachten und tragischen Schicksalen geprägt. Die Götter und Helden der nordischen Mythologie sind vielschichtige Charaktere, die nicht nur göttliche Kräfte verkörpern, sondern auch menschliche Schwächen und Leidenschaften zeigen. Dies verleiht den nordischen Mythen eine menschliche Dimension, die sie so ansprechend und zeitlos macht.

Zu den zentralen Figuren der nordischen Mythologie gehören Götter wie Odin, der Allvater, der über Weisheit und Krieg herrscht, Thor, der Donnergott, der die Menschen vor den Gefahren der Riesen schützt, und Freyja, die Göttin der Liebe und Schönheit. Neben den Göttern spielen Helden wie Siegfried, Beowulf und andere eine wichtige Rolle in den nordischen Erzählungen. Ihre heldenhaften Taten und tragischen Schicksale sind ein zentrales Thema der Mythologie.

Die nordische Mythologie ist auch reich an kosmologischen Vorstellungen. Der Weltenbaum Yggdrasil, die neun Welten und die Prophezeiung von Ragnarök sind nur einige der faszinierenden Konzepte.

Diese Vorstellungen von der Schöpfung, der Struktur des Universums und dem Schicksal der Welt tragen zur Tiefe und Komplexität dieser Mythologie bei.

Die nordische Mythologie hat nicht nur die Kultur und Kunst der nordischen Völker geprägt, sondern auch einen bleibenden Einfluss auf die Literatur und die Populärkultur der heutigen Zeit. Die Geschichten von Thor, Odin, Ragnarök und anderen nordischen Motiven sind in Büchern, Filmen und sogar in der modernen Religion weiterhin präsent.

Tauchen wir also ein in die faszinierende Welt der nordischen Mythologie, in der Götter und Helden, Schöpfung und Zerstörung miteinander verwoben sind und die Vorstellung von einer komplexen und vernetzten Welt zum Ausdruck kommt.

Willkommen in einer Welt voller Mythen, Magie und Abenteuer, mögen euch die Götter wohlgesonnen sein!

Kapitel 1: die Welt der nordischen Mythologie

Die Schöpfungsgeschichte: Ginnungagap und Yggdrasil

Die nordische Mythologie ist reich an Geschichten und Legenden, die die Ursprünge der Welt und des Universums erklären.

Eine der faszinierendsten und zentralen Erzählungen in diesem Mythos ist die Schöpfungsgeschichte, die von Ginnungagap und Yggdrasil geprägt ist. Diese beiden Elemente bilden das Fundament, auf dem die Welt der nordischen Götter, Helden und Kreaturen errichtet wurde.

In diesem Kapitel werden wir uns mit der Bedeutung und den Einzelheiten dieser Schöpfungsgeschichte befassen.

Ginnungagap - Das Urchaos

Die Schöpfungsgeschichte der nordischen Mythologie beginnt mit Ginnungagap, einem Begriff, der oft als "Urchaos" übersetzt wird. Ginnungagap war ein Zustand des Nichts, der Leere und des Chaos, in dem weder Form noch Ordnung existierten. Es war ein Ort jenseits jeglicher Vorstellungskraft, ein Abgrund der Dunkelheit und Stille.

In Ginnungagap gab es zwei ursprüngliche Welten oder Entitäten: Niflheim und Muspelheim.

Niflheim war die Welt des Eises, der Kälte und des Nebels, während Muspelheim die Welt des Feuers, der Hitze und der Glut war. Diese beiden Welten existierten voneinander getrennt und waren die ersten Elemente in der Entstehung des Universums.

Yggdrasil - Der Weltenbaum und die Verbindung der Welten

Yggdrasil, der Weltenbaum, ist ein weiteres zentrales Element in der nordischen Schöpfungsgeschichte. Yggdrasil wird oft als riesige Esche beschrieben, die die neun Welten der nordischen Kosmologie miteinander verbindet. Seine Wurzeln erstrecken sich tief in die Erde, seine Äste reichen hoch in den Himmel, und er überragt die Mitte der Welt, Midgard.

Yggdrasil ist ein Symbol für die Verbindung aller Dinge in der Welt. Es repräsentiert die Ordnung und Harmonie, die inmitten des Chaos von Ginnungagap entstanden sind.

Die Welten, die von Yggdrasil berührt werden, umfassen Asgard (die Welt der Götter), Midgard (die Welt der Menschen), Jotunheim (die Welt der Riesen), und weitere, die jeweils von verschiedenen Wesen bewohnt werden.

Yggdrasil wird von drei wichtigen Wesen gepflegt und beschützt. Ein Adler bewohnt seine Krone, ein Drache seine Wurzeln, und ein Eichhörnchen, Ratatosk genannt, vermittelt zwischen ihnen, indem es Nachrichten von der Krone zur Wurzel trägt. Diese Symbolik betont die Verbindung und den Austausch zwischen den verschiedenen Ebenen des Universums.

Die neun Welten, die durch Yggdrasil verbunden sind, repräsentieren die verschiedenen Aspekte des nordischen Kosmos, von den himmlischen Höhen der Götter bis zu den gefährlichen und chaotischen Bereichen, die von Riesen und anderen Kreaturen bewohnt werden. Yggdrasil schafft eine Struktur und eine kosmische Ordnung inmitten des ursprünglichen Chaos von Ginnungagap.

Die nordische Schöpfungsgeschichte, die von Ginnungagap und Yggdrasil geprägt ist, vermittelt nicht nur die Entstehung des Universums, sondern auch die tiefe Verwurzelung der nordischen Kultur und Mythologie in der Natur und im Kosmos.
Sie zeigt, wie die Nordmänner die Welt um sich herum in ihre religiösen Überzeugungen integrierten und wie diese Geschichten das Verständnis ihres Platzes in der Welt geprägt haben.

Die neun Welten: Asgard, Midgard, Jotunheim und mehr - Eine Reise durch die nordische Kosmologie

Die nordische Mythologie ist reich an faszinierenden Erzählungen, die sich in einem komplexen Geflecht von neun Welten, die durch den Weltenbaum Yggdrasil miteinander verbunden sind, abspielen.

Diese Welten sind der Rahmen für die Geschichten von Göttern, Helden und Kreaturen und tragen maßgeblich zur Einzigartigkeit der nordischen Mythologie bei.

In dieser ausführlichen Betrachtung werden wir uns die neun Welten der nordischen Kosmologie genauer ansehen und ihre Bedeutung innerhalb des mythologischen Gefüges erkunden.

1. Asgard - Die Heimat der Götter

Mythos und Majestät

Tief im Herzen der nordischen Mythologie erhebt sich Asgard, die strahlende Heimat der nordischen Götter, die als die Asen bekannt sind. Asgard verkörpert die Macht, Pracht und Spiritualität der Götter und hat eine zentrale Rolle in der nordischen Kosmologie inne. Diese majestätische Welt ist reich an mythologischer Bedeutung und symbolisiert die spirituelle Ordnung des nordischen Universums.

Die Glanzwelt der Götter

Asgard ist in der nordischen Mythologie die höchste der neun Welten. Es wird als himmlische Welt dargestellt, in der majestätische Hallen, Festungen und Paläste errichtet sind. Diese prächtige Architektur spiegelt die Macht und Erhabenheit der nordischen Götter wider. Die Asen, angeführt von Odin, Thor und Frigg, bewohnen diese göttliche Welt und regieren von hier aus über die anderen Welten.

Ein Symbol für spirituelle Ordnung

Asgard hat nicht nur physische Pracht, sondern symbolisiert auch die spirituelle Ordnung im nordischen Universum. In der nordischen Mythologie besteht das Universum aus verschiedenen Welten, die von Göttern, Menschen, Riesen und anderen Wesen bewohnt werden. Asgard nimmt eine zentrale Position ein und fungiert als Verbindungspunkt zwischen den verschiedenen Ebenen des Kosmos.

In Asgard existiert eine Ordnung und Hierarchie, die die Beziehungen zwischen den Göttern, ihre Aufgaben und Pflichten sowie ihre Verbindung zur Welt der Menschen und der Unterwelt regelt. Diese kosmische Ordnung wird von den Göttern streng überwacht, um das Gleichgewicht und die Harmonie im Universum aufrechtzuerhalten.

Die Götter von Asgard

Asgard ist nicht nur ein majestätischer Ort, sondern auch die Heimat einiger der bekanntesten und mächtigsten Götter der nordischen Mythologie.

Odin, der Allvater und Weisheitsgott, thront auf dem Hlidskjalf und beobachtet die Welt. Thor, der Donnergott, schützt die Menschen vor den Gefahren der Riesen und Dämonen. Frigg, die Göttin der Liebe und Ehe, wacht über das Schicksal der Menschen

Jedoch darf man auch Loki nicht übersehen, den listigen Gott des Wandels und der Täuschung. Loki, obwohl er in Asgard wohnt, ist nicht immer loyal und bringt oft Unruhe und Chaos in die Welt der Götter. Seine zwielichtige Natur spiegelt die Dualität der nordischen Mythologie wider, die sowohl Licht als auch Dunkelheit umfasst.

Die Rolle von Asgard in der nordischen Kosmologie

Asgard ist nicht nur ein Ort des Wohnsitzes der Götter, sondern auch das Zentrum der Macht und der Kontrolle. Von hier aus regieren die Götter über die anderen Welten, darunter Midgard, die Welt der Menschen, und Utgard, die Welt der Riesen. Sie beeinflussen das Schicksal der Menschen und greifen in die Geschicke der Welt ein.

2. Midgard - Die Welt der Menschen: Wo Realität und Mythos sich treffen

In der nordischen Mythologie gibt es eine Welt, die vielleicht mehr als jede andere unser menschliches Dasein repräsentiert. Midgard, die Welt der Menschen, ist ein faszinierender Ort, an dem Realität und Mythos sich auf einzigartige Weise treffen. Es ist die Heimat der Menschen, die in der nordischen Mythologie eine besondere Rolle spielen und in die Geschicke der Götter und Wesen des Universums eingebunden sind.

Eine Welt zwischen den Welten

Midgard ist nicht nur eine geografische Welt, sondern auch eine Brücke zwischen den verschiedenen Ebenen des nordischen Kosmos. Es liegt in der Mitte der neun Welten und verbindet die himmlische Welt von Asgard mit der düsteren Unterwelt von Helheim und den gefährlichen Reichen der Riesen.

Diese einzigartige Position spiegelt die Vorstellung der Nordmänner wider, dass die Menschen eine Schlüsselrolle in der kosmischen Ordnung spielen.

Die Schöpfung von Midgard

Die nordische Mythologie erzählt von der Schöpfung von Midgard auf faszinierende Weise. In den Anfängen gab es nur zwei Welten: Niflheim, das Reich des Eises, und Muspelheim, das Reich des Feuers. Aus dem Treffen dieser beiden Elemente entstand das Leben, und die ersten Menschen, Ask und Embla, wurden aus Baumstämmen geformt.

Dieser Schöpfungsmythos betont die enge Verbindung zwischen den Menschen und der Natur und ihre Abstammung von den ursprünglichen Elementen der Welt.

Die Bedeutung der Menschen in Midgard

Die Menschen in Midgard wurden von den Göttern als Kinder von Ask und Embla erschaffen. Diese besondere Herkunft verleiht den Menschen in der nordischen Mythologie eine einzigartige Position. Sie sind nicht nur Geschöpfe der Götter, sondern auch Erben der Welt selbst.

Die Götter sind in hohem Maße von den Menschen abhängig, um ihre Ziele und Aufgaben in der Welt zu erfüllen.

Die Abenteuer der Menschen in Midgard

Midgard ist ein Ort der Abenteuer und Herausforderungen. In der nordischen Mythologie sind die Menschen ständig mit Prüfungen und Gefahren konfrontiert, sei es durch die Riesen, die Götter oder die Natur selbst.

Diese Prüfungen sollen die Menschen stärken und sie auf ihre Rolle in der kosmischen Ordnung vorbereiten.
Die Menschen in Midgard haben auch die Freiheit, ihre eigenen Entscheidungen zu treffen und ihre eigenen Schicksale zu gestalten. Die nordische Mythologie betont die Bedeutung von Tapferkeit, Ehre und Beständigkeit, die notwendig sind, um die Herausforderungen des Lebens zu bewältigen.

Die Verbindung zwischen den Welten

Midgard dient nicht nur als Heimat der Menschen, sondern auch als Vermittler zwischen den verschiedenen Ebenen des Universums.

Die Götter, wie Odin und Thor, interagieren regelmäßig mit den Menschen in Midgard und nehmen menschliche Gestalt an, um ihre Ziele zu verfolgen. Dies zeigt die enge Verbindung zwischen den Göttern und den Menschen und betont die Idee, dass die Menschen eine wichtige Rolle in der kosmischen Ordnung spielen.

Die zeitlose Bedeutung von Midgard

Midgard ist nicht nur ein Ort in den nordischen Mythen, sondern ein Symbol für die menschliche Existenz und die Beziehung zwischen Mensch und Natur. Es erinnert uns daran, dass unsere Verbindung zur Welt und zur Natur tiefgreifend ist und dass unsere Handlungen Auswirkungen auf die kosmische Ordnung haben können.

3. Jotunheim - Jotunheim - Die Heimat der Riesen: Rätselhafte und Mächtige Gegenspieler der Götter

In der nordischen Mythologie gibt es eine Welt namens Jotunheim - Heimat der Riesen und Ungeheuer.
Für die Götter von Asgard war sie oft eine knifflige Herausforderung. Jotunheim ist ein Land voller Geheimnisse und unberechenbarer Naturkräfte, die in ihrer wildesten Form gedeihen.

Die Riesen von Jotunheim

Die Riesen von Jotunheim sind mächtige und oft gigantische Wesen, die die nordische Mythologie bevölkern. Sie sind bekannt für ihre Unberechenbarkeit und ihre Fähigkeit, die Naturgewalten zu kontrollieren.

Jotnar sind eine vielfältige Gruppe, von eisigen Riesen bis zu Feuergiganten, von Steinriesen bis zu Waldriesen. Ihre Vielfalt spiegelt die ungezügelte Natur und die Kraft der Elemente wider.

Die Dualität von Jotunheim

Jotunheim repräsentiert eine Dualität in der nordischen Mythologie, die die Spannung zwischen Ordnung und Chaos widerspiegelt. Die Riesen werden oft als wild und gefährlich dargestellt, und ihre Begegnungen mit den Göttern von Asgard führen oft zu Konflikten und Herausforderungen.

Diese Spannung ist eine zentrale Facette der nordischen Mythologie und erinnert daran, dass das Gleichgewicht zwischen den Kräften von Ordnung und Chaos immer fragil ist.

Die Rolle von Jotunheim in der kosmischen Ordnung

Trotz ihrer unkontrollierbaren Natur spielen die Riesen von Jotunheim eine entscheidende Rolle in der kosmischen Ordnung. Sie repräsentieren die Mächte der Natur, die weder von Göttern noch von Menschen vollständig beherrscht werden können.

Ihre Rolle in der Mythologie betont die Vorstellung, dass die Natur Kräfte jenseits menschlicher Kontrolle enthält und dass die Achtung vor diesen Mächten von größter Bedeutung ist.

Die Begegnungen zwischen den Göttern und den Riesen

Die Geschichten der nordischen Mythologie sind reich an Begegnungen zwischen den Göttern von Asgard und den Riesen von Jotunheim. Diese Begegnungen führen oft zu aufregenden Abenteuern, Konflikten und Prüfungen. Die Götter müssen ihre Klugheit, Tapferkeit und List einsetzen, um gegen die mächtigen Riesen zu bestehen. Diese Geschichten betonen die Bedeutung von Intelligenz und List und erzählen von den mutigen Taten der Götter.

Die mysteriöse Natur von Jotunheim

Jotunheim ist auch ein Ort der Geheimnisse und Rätsel. Die Riesen und die Landschaft von Jotunheim sind oft von mystischen Elementen durchdrungen. Es ist ein Ort, an dem das Unbekannte und das Mysteriöse existieren, wo die Grenzen zwischen Realität und Mythos verschwimmen. Dies verleiht Jotunheim eine aura der Faszination und des Mysteriums.

Die zeitlose Bedeutung von Jotunheim

Jotunheim und seine Bewohner sind nicht nur Bestandteil der nordischen Mythologie, sondern bieten auch zeitlose Lehren. Sie erinnern uns daran, dass die Naturkräfte und das Unbekannte eine feste Rolle in unserem Leben spielen und dass es wichtig ist, sie mit Respekt und Achtsamkeit zu behandeln. Die Geschichten von den Begegnungen zwischen Göttern und Riesen lehren uns über den Wert von Klugheit, Mut und Tugend.

4. Alfheim - Die Welt der Lichtalben: Ein Reich des Lichts und der Spiritualität

In der nordischen Mythologie existiert eine Welt von erhabener Schönheit und Helligkeit, die von den strahlenden Lichtalben bewohnt wird. Dieses Reich ist Alfheim, die Heimat der Lichtalben, auch bekannt als Ljósálfar. Alfheim ist ein Ort von außergewöhnlicher Reinheit und Spiritualität, und die Lichtalben gelten als Hüter des Lichts und der Weisheit in der nordischen Mythologie.

Die Schönheit von Alfheim und den Lichtalben

Alfheim wird oft als eine Welt von unvergleichlicher Schönheit und Helligkeit beschrieben. Die Lichtalben selbst sind Wesen von außergewöhnlicher Anmut und Strahlkraft. Sie werden oft als leuchtende Gestalten mit strahlenden Augen und goldenen Haaren dargestellt, die im Licht der Sonne schimmern. Diese Schönheit verleiht ihnen eine Aura der Reinheit und Majestät.

Die Verbindung zum Licht und zur Spiritualität

Die Lichtalben werden in der nordischen Mythologie eng mit Licht, Reinheit und Spiritualität in Verbindung gebracht. Ihr Reich, Alfheim, ist strahlend und von göttlichem Licht durchflutet. Dieses Licht symbolisiert Erkenntnis, Weisheit und spirituelle Reinheit.

Die Lichtalben selbst gelten als Bewahrer des Lichts, die die Geheimnisse des Universums hüten und zur kosmischen Harmonie beitragen.

Die Rolle der Lichtalben in der kosmischen Ordnung

Die Lichtalben nehmen eine bedeutende Position in der kosmischen Ordnung der nordischen Mythologie ein. Sie werden oft als Weisheitsbringer angesehen, die den Göttern und Menschen spirituelle Erkenntnisse vermitteln. Die Präsenz der Lichtalben in Alfheim veranschaulicht die Vorstellung, dass die verschiedenen Ebenen des Universums miteinander verbunden sind und dass jede Welt eine einzigartige Bedeutung und Funktion hat.

Die Lichtalben tragen zur Aufrechterhaltung des Gleichgewichts und der Harmonie im kosmischen Gefüge bei. Ihre Reinheit und Weisheit machen sie zu wertvollen Akteuren in der nordischen Mythologie.

Die kosmische Bedeutung von Alfheim

Alfheim ist nicht nur ein wunderschöner Ort, sondern ein Schlüsselstück in der nordischen Kosmologie. In der nordischen Mythologie besteht das Universum aus verschiedenen Welten, die von Göttern, Menschen, Riesen und anderen Wesen bevölkert sind. Alfheim nimmt eine zentrale Position ein und dient als Verbindungspunkt zwischen den verschiedenen Ebenen des Kosmos.

Die Lichtalben, als Bewahrer des Lichts und der spirituellen Weisheit, sind entscheidend für die Aufrechterhaltung der kosmischen Ordnung. Ihre Präsenz in Alfheim betont die Verbindung zwischen den verschiedenen Ebenen des Universums und die Bedeutung von Licht und Weisheit in der nordischen Mythologie.

Die zeitlose Faszination von Alfheim und den Lichtalben

Alfheim und die Lichtalben üben eine zeitlose Faszination auf die menschliche Vorstellungskraft aus. Ihre Schönheit, Reinheit und spirituelle Bedeutung inspirieren Künstler, Schriftsteller und spirituell Suchende auf der ganzen Welt. Die nordische Mythologie lehrt uns, die Bedeutung von Licht und Weisheit in unserer eigenen Welt zu schätzen und erinnert uns daran, dass Schönheit und Spiritualität untrennbar miteinander verbunden sind.

In der nordischen Mythologie sind Alfheim und die Lichtalben ein leuchtendes Beispiel für die Tiefe und Vielschichtigkeit der mythologischen Welt. Sie erinnern uns daran, dass in den Mythen und Legenden der alten Kulturen zeitlose Weisheiten und universelle Wahrheiten verborgen sind, die auch heute noch eine tiefe Bedeutung für unser Leben haben können.

Alfheim steht für die tiefe Verbindung zwischen Licht, Schönheit und Spiritualität, die in der nordischen Mythologie so zentral ist, und erinnert uns daran, dass Mythologie nicht nur Geschichten, sondern auch kulturelle, spirituelle und philosophische Bedeutung hat.

5. Svartalfheim - Die Welt der Dunkelalben: Geheimnisvolle Bewohner der Tiefe

In der nordischen Mythologie ist Svartalfheim ein rätselhafter Ort, der die Heimat der Dunkelalben, auch bekannt als Svartálfar, beherbergt. Diese Welt ist das Gegenstück zu Alfheim, der Heimat der Lichtalben, und repräsentiert die dunkleren und geheimnisvolleren Aspekte der nordischen Kosmologie. Die Dunkelalben sind Wesen, die oft im Schatten verborgen bleiben und eine wichtige Rolle in den Mythen der Nordmänner spielen.

Die Dunkelalben von Svartalfheim

Die Dunkelalben sind in der nordischen Mythologie als schwarz gekleidete und schattenhafte Wesen dargestellt, die in den Tiefen der Erde und in den dunklen Wäldern von Svartalfheim leben .Im Gegensatz zu den Lichtalben sind die Dunkelalben weniger strahlend und majestätisch, sondern eher geheimnisvoll und zurückgezogen.

Die Rolle von Svartalfheim in der Kosmologie

Svartalfheim ist eine von neun Welten in der nordischen Kosmologie und liegt zwischen den Göttern in Asgard und den Menschen in Midgard. Es ist ein Ort, an dem die Dunkelalben die Mächte der Natur, der Erde und des Untergrunds verkörpern. Ihre Welt ist ein Reich von Schatten und Geheimnissen, das oft von den Göttern und Menschen gemieden wird.

Die Dualität von Licht und Dunkelheit

Die Existenz von Svartalfheim und den Dunkelalben betont die Dualität von Licht und Dunkelheit in der nordischen Mythologie. Während die Lichtalben das Licht und die Reinheit repräsentieren, stehen die Dunkelalben für die Schatten und das Mysteriöse. Diese Dualität spiegelt die komplexe Natur des nordischen Kosmos wider, in dem Gegensätze und Spannungen eine zentrale Rolle spielen.

Die Handwerkskunst der Dunkelalben

Eine der bemerkenswertesten Eigenschaften der Dunkelalben ist ihre außergewöhnliche Handwerkskunst. Sie sind berühmt für ihre Fähigkeiten in der Schmiedekunst und stellen erstaunliche Artefakte her.

In der nordischen Mythologie werden viele der mächtigen Gegenstände, wie Mjölnir, der Hammer von Thor, von den Dunkelalben geschmiedet. Diese Fähigkeiten machen die Dunkelalben zu wichtigen Akteuren in den Geschichten der Götter und Helden.

Die Geschichten der Dunkelalben

Die Geschichten der Dunkelalben sind oft von Geheimnissen und Intrigen geprägt. Sie spielen eine wichtige Rolle in den Mythen und Legenden der nordischen Mythologie, sei es durch ihre Handwerkskunst, ihre Beziehungen zu den Göttern oder ihre Rolle bei den Abenteuern von Helden wie Siegfried und Beowulf.

Die zeitlose Bedeutung von Svartalfheim und den Dunkelalben

Svartalfheim und die Dunkelalben sind nicht nur mythologische Elemente, sondern bieten auch zeitlose Lehren.

6. Vanaheim - Die Heimat der Wanen: Die Mächte der Natur und Fruchtbarkeit

In der nordischen Mythologie gibt es eine Welt von üppiger Natur, Fruchtbarkeit und einer anderen Gruppe von Göttern, die als Wanen bekannt sind. Diese Welt ist Vanaheim, die Heimat der Wanen, und sie steht im Kontrast zu Asgard, der Heimat der Aesir-Götter.

Vanaheim repräsentiert die natürlichen und fruchtbaren Aspekte des nordischen Kosmos und spielt eine wichtige Rolle in den Mythen und Legenden der Nordmänner.

Die Wanen von Vanaheim

Die Wanen sind eine Gruppe von Göttern in der nordischen Mythologie, die für ihre Verbindung zur Natur, zur Fruchtbarkeit und zum Wasser bekannt sind. Im Gegensatz zu den Aesir-Göttern, die in Asgard residieren, haben die Wanen ihren Ursprung in Vanaheim. Sie sind oft als liebliche und weise Wesen dargestellt, die die Kräfte der Natur beherrschen.

Die Rolle von Vanaheim in der kosmischen Ordnung

Vanaheim ist eine der neun Welten in der nordischen Kosmologie und steht im Kontrast zu Asgard, der Welt der Aesir. Während Asgard für Macht und Ordnung steht, symbolisiert Vanaheim die natürlichen und fruchtbaren Aspekte des Universums. Die Beziehung zwischen diesen beiden Welten betont die Dualität und die Vielfalt des nordischen Kosmos.

Die Fruchtbarkeit und Natur in Vanaheim

Die Wanen und Vanaheim sind eng mit der Fruchtbarkeit und der Natur verbunden. In der nordischen Mythologie werden die Wanen oft mit Fruchtbarkeitsriten und Erntezeremonien in Verbindung gebracht. Sie sind für die Fülle und das Gedeihen der Natur verantwortlich, und ihre Kräfte wirken sich auf das Wachstum von Pflanzen, Tieren und Menschen aus.

Die Beziehungen zwischen Aesir und Wanen

Die Beziehungen zwischen den Aesir-Göttern von Asgard und den Wanen von Vanaheim sind komplex und wechselhaft.

In der nordischen Mythologie gibt es Konflikte und Kriege zwischen diesen beiden Göttergruppen, aber es gibt auch Versöhnungen und Allianzen. Diese Beziehungen betonen die Wechselwirkung zwischen Macht und Natur, Ordnung und Chaos.

Die Geschichten der Wanen

Die Wanen spielen eine wichtige Rolle in den Mythen und Legenden der nordischen Mythologie. Eine der bekanntesten Geschichten ist die Versöhnung zwischen den Aesir und den Wanen, bei der die Götter Geiseln austauschen, um den Frieden zu wahren. Diese Geschichte symbolisiert die Notwendigkeit des Gleichgewichts zwischen den unterschiedlichen Kräften im Universum.

Die zeitlose Bedeutung von Vanaheim und den Wanen

Vanaheim und die Wanen sind nicht nur mythologische Elemente, sondern bieten auch zeitlose Lehren. Sie erinnern uns daran, wie wichtig die Natur und die Fruchtbarkeit in unserem Leben sind, und betonen die Bedeutung des Gleichgewichts und der Harmonie in der kosmischen Ordnung.

Vanaheim ist ein faszinierender Teil der nordischen Mythologie, der die natürlichen und fruchtbaren Aspekte des Universums verkörpert.

Die Wanen sind Götter der Natur und der Fruchtbarkeit, die uns daran erinnern, wie eng wir mit der Umwelt und den Naturkräften verbunden sind. Die Geschichten von Vanaheim sind zeitlos und bieten weiterhin Inspiration und Einsicht in die Bedeutung von Natur und Fruchtbarkeit in unserem Leben.

7. Helheim - Das Reich der Toten: Eine düstere und geheimnisvolle Welt

In der nordischen Mythologie ist Helheim das Reich der Toten, eine düstere und geheimnisvolle Welt, die von der Göttin Hel regiert wird. Dieses Reich steht im Kontrast zu den himmlischen Welten von Asgard und Vanaheim und verkörpert die Endlichkeit und den Übergang im Leben der Menschen. Helheim spielt eine wichtige Rolle in der nordischen Kosmologie und in den Geschichten der nordischen Götter und Helden.

Die Göttin Hel und die Herrschaft über Helheim

Hel, auch als Hela bekannt, ist die Tochter von Loki und Angrboda. Sie ist eine unheimliche Göttin, deren Erscheinung halb lebendig und halb tot ist. Hel regiert über Helheim und hat die Macht, über das Schicksal der Verstorbenen zu entscheiden.

Diejenigen, die ein ehrenhaftes Leben führten, dürfen in den Hallen von Asgard wohnen, während diejenigen, die ein weniger ehrenhaftes Leben führten, in Helheim enden.

Die Natur von Helheim

Helheim wird oft als kalte, düstere Welt beschrieben, in der die Sonne niemals scheint. Es ist ein Ort der Kälte und des Nebels, in dem die Seelen der Toten in einer ewigen Dämmerung verweilen. Die Landschaft von Helheim spiegelt die Vorstellung der Nordmänner von einer kalten und düsteren Unterwelt wider.

Die Rolle von Helheim im Leben der Menschen

Helheim spielt eine entscheidende Rolle im Leben der Menschen in der nordischen Mythologie. Die Nordmänner glaubten, dass die Seele nach dem Tod nach Helheim reisen würde, wo Hel über ihr Schicksal entscheiden würde. Die Vorstellung von Helheim diente als moralische Richtlinie und erinnerte die Menschen daran, ein ehrenhaftes Leben zu führen, um in die Hallen von Asgard zu gelangen.

Die Geschichten von Helheim

Helheim und seine Bewohner spielen in verschiedenen Geschichten der nordischen Mythologie eine Rolle. Eine der bekanntesten Geschichten ist die Geschichte von Balder, dem Sohn von Odin und Frigg. Balder stirbt und reist in Helheim, wo er auf seine Wiederkehr hofft. Diese Geschichte betont die Bedeutung von Helheim als Ort des Übergangs und der Transformation.

Die zeitlose Bedeutung von Helheim

Helheim und die Göttin Hel erinnern uns daran, dass der Tod und der Übergang ein integraler Bestandteil des Lebens sind. In der nordischen Mythologie wird der Tod nicht als Ende, sondern als eine Form des Übergangs betrachtet. Helheim dient als Erinnerung daran, dass das Leben begrenzt ist und dass es wichtig ist, ein ehrenhaftes Leben zu führen.

Insgesamt ist Helheim eine düstere und geheimnisvolle Welt in der nordischen Mythologie, die die Endlichkeit und den Übergang im Leben der Menschen verkörpert. Die Göttin Hel und ihr Reich erinnern uns daran, dass der Tod und der Übergang unausweichliche Bestandteile des menschlichen Lebens sind.

8. Niflheim - Die Welt des Eises und Nebels: Eine kalte und düstere Schöpfungsgeschichte

In der nordischen Mythologie ist Niflheim eine Welt von eisiger Kälte und undurchdringlichem Nebel, die in der nordischen Kosmologie eine zentrale Rolle spielt. Niflheim ist die Heimat der Elemente des Eises und des Wassers, und seine Existenz ist eng mit der Schöpfungsgeschichte des nordischen Universums verbunden.

Die Erschaffung von Niflheim und Muspelheim

Die nordische Schöpfungsgeschichte erzählt von zwei Urwelten: Niflheim und Muspelheim. Niflheim repräsentiert die eisige Kälte und das Chaos, während Muspelheim das Reich des Feuers und der Hitze darstellt. Aus der Begegnung dieser beiden Welten entstand das erste Leben und die Schaffung des Universums.

Die Quelle Hvergelmir und der Ginnungagap

In Niflheim befindet sich die Quelle Hvergelmir, die als Ursprung der elf Ströme des Lebens betrachtet wird. Diese Quelle fließt in den Ginnungagap, eine chaotische Leere, die zwischen Niflheim und Muspelheim liegt. Aus der Interaktion von Hvergelmir und Ginnungagap entstanden die ersten Lebensformen und die Schöpfungsgeschichte nahm ihren Anfang.

Die Entstehung der neun Welten

Die nordische Mythologie besagt, dass die neun Welten, darunter Asgard, Midgard und Jotunheim, aus dieser ursprünglichen Schöpfung hervorgingen. Die Welt der Menschen, Midgard, wurde in der Mitte der neun Welten platziert und verbindet die verschiedenen Ebenen des Universums.

Die düstere Natur von Niflheim

Niflheim wird oft als kalte und düstere Welt beschrieben, in der der Nebel und das Eis alles umhüllen. Die Landschaft von Niflheim ist von eisigen Bergen und gefrorenen Ebenen geprägt, die eine Aura der Kälte und des Chaos ausstrahlen.

Die Bedeutung von Niflheim in der Kosmologie

Niflheim hat eine entscheidende Bedeutung in der nordischen Kosmologie, da es die Quelle des Lebens und der Schöpfung ist.

Die Elemente des Eises und des Wassers in Niflheim repräsentieren die Urkräfte der Natur und die ursprünglichen Elemente, aus denen das Universum entstand.

Die zeitlose Bedeutung von Niflheim

Niflheim erinnert uns daran, dass die nordische Mythologie eine tiefe Verbindung zwischen der Natur und der Schöpfung betont. Die Idee, dass das Universum aus den Elementen des Eises und des Feuers entstand, spiegelt die Vorstellung der Nordmänner von der Natur als einer lebendigen und sich entwickelnden Kraft wider.
Insgesamt ist Niflheim eine kalte und düstere Welt in der nordischen Mythologie, die die Ursprünge der Schöpfung und des Universums repräsentiert. Die Geschichten von Niflheim lehren uns über die Bedeutung der Natur und die Kräfte, die die Welt gestalten. Sie erinnern uns daran, dass die Natur eine unvorstellbare Macht ist, die uns umgibt und die Grundlage unseres Lebens bildet.

9. Muspelheim - Die Welt des Feuers: Die Urkraft des Brennenden Chaos

In der nordischen Mythologie ist Muspelheim eine Welt des Feuers und der Hitze, die in scharfem Kontrast zu der eisigen Kälte von Niflheim steht. Muspelheim ist die Heimat der Feuerriesen und der Elemente des Feuers, und es repräsentiert die zerstörerische und leidenschaftliche Seite des nordischen Kosmos.

Die Feuerriesen von Muspelheim

Muspelheim ist bewohnt von den Feuerriesen, mächtigen Wesen, deren Körper aus flammendem Feuer zu bestehen scheinen. Diese Riesen symbolisieren die zerstörerische Kraft des Feuers und sind oft als gefährliche Gegner der Götter dargestellt. Die bekanntesten unter ihnen sind Surt und sein brennendes Schwert.

Die Entstehung von Muspelheim und Niflheim

Die nordische Schöpfungsgeschichte erzählt, dass Muspelheim und Niflheim die ersten beiden Welten waren, die aus der ursprünglichen Leere, dem Ginnungagap, hervorgingen. Muspelheim repräsentiert das Feuer, die Hitze und das brennende Chaos, während Niflheim die eisige Kälte und den Nebel darstellt. Die Begegnung dieser beiden Welten führte zur Schaffung des Universums.

Die Bedrohung für die kosmische Ordnung

Muspelheim wird oft als Bedrohung für die kosmische Ordnung in der nordischen Mythologie betrachtet. Die Feuerriesen und ihre hitzigen Kräfte können die Harmonie des Universums stören und bedeuten eine Herausforderung für die Götter von Asgard.

Die Bedeutung von Muspelheim in der Schöpfungsgeschichte

Muspelheim repräsentiert die leidenschaftliche und destruktive Seite der Schöpfungsgeschichte. Das Feuer und die Hitze in Muspelheim sind die Urkräfte, aus denen das Universum entstand.

Diese Elemente sind gleichzeitig schöpferisch und zerstörerisch, und sie betonen die Dualität und die Vielschichtigkeit der nordischen Kosmologie.

Die Bedeutung des Feuers in der nordischen Mythologie

Das Feuer spielt eine wichtige Rolle in der nordischen Mythologie, da es sowohl zerstörerisch als auch erneuernd sein kann. Das brennende Schwert von Surt symbolisiert die Vernichtung, aber auch die Reinigung und Erneuerung. Das Feuer wird oft mit Transformation und Veränderung in Verbindung gebracht.

Die zeitlose Bedeutung von Muspelheim

Muspelheim und die Feuerriesen erinnern uns daran, dass die nordische Mythologie die Dualität und die Vielschichtigkeit des Lebens und des Universums betont. Das Feuer repräsentiert die Leidenschaft und die Hitze, die in uns brennen, und erinnert uns daran, dass diese Kräfte sowohl zerstörerisch als auch kreativ sein können. Insgesamt ist Muspelheim eine Welt des Feuers und der Hitze in der nordischen Mythologie, die die leidenschaftliche und zerstörerische Seite der Schöpfung verkörpert.

Kapitel 2 :

Die Götter und Göttinnen

Vorstellung der Götter und Göttinnen

Die nordische Mythologie ist reich an Geschichten und Legenden, die die Ursprünge der Welt und des Universums erklären. Eine der faszinierendsten und zentralen Erzählungen in diesem Mythos ist die Schöpfungsgeschichte, die von Ginnungagap und Yggdrasil geprägt ist. Diese beiden Elemente bilden das Fundament, auf dem die Welt der nordischen Götter, Helden und Kreaturen errichtet wurde. In dieser ausführlichen Betrachtung werden wir uns mit der Bedeutung und den Einzelheiten dieser Schöpfungsgeschichte befassen.

Odin - Der Allvater und Weiser der Weisen:

Odin, auch bekannt als der Allvater oder Wotan, ist zweifellos eine der faszinierendsten Figuren in der nordischen Mythologie. Er vereint eine beeindruckende Vielfalt von Eigenschaften und Aspekten, die ihn zu einer zentralen Gestalt in dieser reichen Erzähltradition machen. Seine vielfältigen Rollen und Qualitäten spiegeln die Komplexität der menschlichen Natur und des Universums wider.

Die Herrschaft über Asgard

Odin ist der Götterkönig von Asgard, dem Reich der nordischen Götter. Als solcher regiert er über die majestätische Stadt der Götter, die von prächtigen Hallen und Festungen gekrönt wird.

Diese Residenz spiegelt die Macht und Pracht aus der Welt der Götter wider und verkörpert die spirituelle Ordnung im nordischen Universum.

Die Suche nach Weisheit

Eine der bemerkenswertesten Eigenschaften von Odin ist seine unersättliche Suche nach Weisheit. Um tiefere Erkenntnisse über die Welt zu erlangen, begab er sich auf die Suche nach dem Brunnen der Weisheit. Dort opferte er ein Auge, indem er es in den Brunnen warf, um aus ihm zu trinken. Diese bereitwillige Selbstaufopferung ist ein starkes Symbol für die Hingabe an das Streben nach Wissen und spiritueller Erleuchtung.

Der Gott der Poesie und der Runen

Odin wird oft als der Gott der Poesie und der Dichtkunst betrachtet.

Er ist der Schutzpatron der Skalden, der nordischen Barden und Dichter, und inspiriert die Menschen, große Werke der Literatur und Poesie zu schaffen.

Die nordische Dichtkunst und die Verwendung von Runen in der Schrift sind untrennbar mit Odin verbunden, der als Quelle der Inspiration und der kreativen Kräfte gilt.

Die Anführung der Einherjer

Ein weiteres bedeutendes Merkmal von Odin ist seine Anführung der Einherjer, der gefallenen Krieger. Diese mutigen Krieger werden nach ihrem Tod in Walhalla aufgenommen, um sich auf Ragnarök, das Schicksalsende der Götter, vorzubereiten. Diese Rolle betont Odins Position als Kriegsgott und als Anführer derjenigen, die für die Götter kämpfen.

Die Dualität und Komplexität

Odin verkörpert die Dualität und die Komplexität der menschlichen Natur und des Universums. Er ist sowohl Kriegsgott als auch Weisheitsgott, Herrscher und Suchender. Diese Vielschichtigkeit spiegelt die verschiedenen Facetten des Lebens und der menschlichen Erfahrung wider.

Die zeitlose Bedeutung von Odin

Die Gestalt von Odin erinnert uns daran, dass Weisheit und Wissen wichtige Werte sind, die in vielen Kulturen geschätzt werden. Seine Opferbereitschaft und seine Suche nach spiritueller Erkenntnis sind zeitlos und inspirierend. Odin lehrt uns, dass Wissen und Weisheit wertvoll sind und dass das Streben nach Erkenntnis ein nobles Unterfangen ist.

Thor -
Der Donnergott und Beschützer Midgards:

Thor, auch bekannt als Donar oder Donnergott, ist eine der populärsten Figuren in der nordischen Mythologie und eine der mächtigsten Gottheiten im nordischen Pantheon. Als Sohn von Odin und Frigg und der mächtige Gott des Donners und des Wetters, nimmt Thor eine herausragende Position in den Mythen, Legenden und Geschichten der nordischen Mythologie ein.

Die mächtige Erscheinung

Thor wird oft als großer, starker Gott mit rotem Bart und einem gewaltigen Hammer, Mjölnir, dargestellt.

Seine imposante Erscheinung spiegelt seine physische Stärke und Macht wider, die er einsetzt, um Midgard, die Welt der Menschen, zu schützen.

Die Rolle des Donnergottes

Die Hauptrolle von Thor ist die Kontrolle des Donners und Blitzes. Wenn er seinen Hammer Mjölnir schwingt, erzeugt er Blitz und Donner, was als Zeichen seiner Macht und Autorität über die Naturgewalten gilt. Seine Rolle als Donnergott unterstreicht seine Stellung als Beschützer der Menschen.

Der Beschützer Midgards

Thor ist der Beschützer von Midgard, der Welt der Menschen. Er verteidigt die Menschen vor den Bedrohungen der Riesen und anderer Wesen, die Midgard gefährden könnten.
Seine Tapferkeit und Entschlossenheit, die er in zahlreichen Abenteuern zeigt, machen ihn zu einem Helden und Beschützer der Menschen.

Das mächtige Artefakt - Mjölnir

Mjölnir, Thors Hammer, ist eines der mächtigsten Artefakte in der nordischen Mythologie. Dieser Hammer, der von Zwergen geschmiedet wurde, hat die Fähigkeit, Blitze zu erzeugen und ist ein Symbol für Thors Macht. Mjölnir kehrt immer zu Thor zurück, nachdem er es geworfen hat, und ist ein unverzichtbares Werkzeug in seinen Kämpfen.

Die Abenteuer von Thor

Thor ist eine zentrale Figur in vielen Mythen und Geschichten der nordischen Mythologie. Seine Abenteuer reichen von Kämpfen mit Riesen bis zur Bekämpfung gefährlicher Monster und Dämonen.
Er stellt sich auch den Herausforderungen, die von den Göttern und der nordischen Kosmologie gestellt werden.

Der endgültige Kampf - Ragnarök

Thor wird eine entscheidende Rolle in Ragnarök, dem Schicksalsende der Götter, spielen. In diesem katastrophalen Ereignis wird er gegen die Feinde der Götter kämpfen, um die Welt vor der Zerstörung zu bewahren. Seine Tapferkeit und Opferbereitschaft in diesem endgültigen Kampf unterstreichen seine Bedeutung als Beschützer von Midgard.

Die zeitlose Bedeutung von Thor

Thor repräsentiert die Ideale von Tapferkeit, Stärke und Beschützergeist. Seine Geschichte lehrt uns, dass es notwendig ist, gegen die Widrigkeiten des Lebens zu kämpfen und diejenigen zu verteidigen, die unserer Hilfe bedürfen.

Thor erinnert uns daran, dass Tapferkeit und Stärke nicht nur physisch, sondern auch moralisch und spirituell sein können.

Seine Macht und Tapferkeit machen ihn zu einem Symbol des Schutzes und der Entschlossenheit. Thor ist der Held, der die Welt vor den Gefahren der nordischen Kosmologie bewahrt und uns an die Bedeutung des Einsatzes für das Gute und die Verteidigung der Schwachen erinnert.

Freyja - Die Göttin der Liebe und Schönheit:

Freyja, auch bekannt als Freya oder Freyia, ist eine der faszinierendsten Göttinnen in der nordischen Mythologie. Sie ist die Göttin der Liebe, Schönheit, Fruchtbarkeit und des Goldes. Ihr Name bedeutet "Die Herrin" oder "Die Dame" und spiegelt ihre hohe Stellung in der Hierarchie der nordischen Götter wider. Freyja ist die Tochter von Njord, dem Meeresgott, und wird oft als Schwester ihres Zwillingsbruders Freyr betrachtet.

Die Göttin der Liebe

Eine der herausragenden Eigenschaften von Freyja ist ihre Rolle als Göttin der Liebe. Sie ist eine Verkörperung der sinnlichen und leidenschaftlichen Liebe.

Freyja wird oft als die schönste der nordischen Göttinnen beschrieben, und ihr Charme und ihre Anziehungskraft sind legendär. Sie lehrt uns, dass die Liebe eine mächtige und transformative Kraft im Leben der Menschen ist.

Die Göttin der Schönheit

Freyja wird auch als Göttin der Schönheit verehrt. Sie ist die personifizierte Anmut und Eleganz, und ihre Präsenz bringt Schönheit und Harmonie in die Welt. Freyjas Verbindung zur Natur und ihrer Schönheit betont die enge Beziehung der nordischen Mythologie zur Natur und zur ästhetischen Schönheit.

Die Göttin der Fruchtbarkeit

Freyja wird oft mit der Fruchtbarkeit in Verbindung gebracht. Sie ist die Schutzpatronin der Landwirtschaft und der Ernte.
Die Nordmänner glaubten, dass Freyja die Fähigkeit hatte, die Fruchtbarkeit des Bodens und der Tiere zu steigern, und sie beteten zu ihr, um eine reiche Ernte zu gewährleisten. Freyjas Rolle als Göttin der Fruchtbarkeit unterstreicht die tiefe Verbindung zwischen den nordischen Göttern und den Lebensgrundlagen der Menschen.

Die Göttin des Goldes

Ein weiterer wichtiger Aspekt von Freyja ist ihre Verbindung zum Gold. Sie besitzt ein prächtiges Halsband namens Brísingamen, das von Zwergen geschmiedet wurde. Das Halsband gilt als eines der wertvollsten Schätze in der nordischen Mythologie und betont Freyjas Rolle als Göttin des Reichtums und des materiellen Wohlstands.

Die Kämpferin und die Suche nach Od

Freyja ist auch als Kriegerin bekannt und hat an vielen Schlachten teilgenommen.
Sie reitet in einem von Katzen gezogenen Wagen und trägt das Schwert. Eine der bekanntesten Geschichten über Freyja handelt von ihrer verzweifelten Suche nach ihrem verschwundenen Ehemann Od. Diese Geschichte betont ihre Entschlossenheit und ihre Fähigkeit, Hindernisse zu überwinden, um ihre Liebe wiederzufinden.

Die zeitlose Bedeutung von Freyja

Freyja erinnert uns daran, dass die Liebe, die Schönheit und die Fruchtbarkeit wichtige Aspekte des menschlichen Lebens sind. Ihre Rolle in der nordischen Mythologie betont die Bedeutung von Liebe und Schönheit in unserer Welt.

Loki - Der Listenreiche und Gott des Schabernacks:

In der nordischen Mythologie ist Loki zweifellos eine der faszinierendsten Figuren. Er verkörpert die Dualität von List und Chaos, und seine Rolle als Trickster-Gott macht ihn zu einer kontroversen, aber dennoch unverzichtbaren Gestalt in den Mythen und Legenden der nordischen Götterwelt.

Die Herkunft von Loki

Loki ist ein Sohn der Riesin Laufey und des Riesen Farbauti. Obwohl er nicht zu den ursprünglichen Göttern von Asgard gehört, wurde er von Odin und den anderen Göttern aufgenommen und wurde zu einem Mitglied des Götterpantheons.

Die Trickster-Natur von Loki

Loki ist am bekanntesten für seine Rolle als Trickster-Gott. Er ist ein Meister der Täuschung und des Schalks, und seine Streiche und Listigkeiten sind legendär.

Loki kann sich in verschiedene Formen verwandeln, was ihm erlaubt, die Götter und andere Wesen zu täuschen.

Die schelmischen Abenteuer

Loki war in zahlreiche Abenteuer und Intrigen verwickelt, die oft sowohl für die Götter als auch für die Menschen unangenehme Konsequenzen hatten. Einige seiner berühmtesten Taten umfassen die Erschaffung von Thors Hammer Mjölnir, die Entführung von Idun und den Diebstahl der Äpfel der Jugend, die die Unsterblichkeit der Götter bewahrten

Der Urheber von Tragödien

Loki wird auch mit tragischen Ereignissen in der nordischen Mythologie in Verbindung gebracht. Seine Rolle in der Ermordung von Balder, dem strahlendsten der Götter, ist eines der bekanntesten Beispiele. Seine Taten führten oft zu schwerwiegenden Konsequenzen und trugen zur Dunkelheit und zum Schicksal der Götter bei.

Die Komplexität von Loki

Lokis Charakter ist äußerst komplex und widersprüchlich.

Obwohl er oft als Störenfried und Schurke dargestellt wird, hat er auch positive Eigenschaften und Momente der Großzügigkeit gezeigt. Seine Ambivalenz und die verschiedenen Facetten seiner Persönlichkeit machen ihn zu einer der vielschichtigsten Gestalten in der nordischen Mythologie.

Die Bedeutung von Loki

Loki symbolisiert die Dualität und die Unvorhersehbarkeit des Lebens. Er erinnert uns daran, dass die Welt nicht immer so ist, wie sie scheint, und dass Täuschung und Chaos oft Teil der menschlichen Erfahrung sind. Loki lehrt uns, mit den unvorhersehbaren Wendungen des Schicksals umzugehen und die Fähigkeit zu entwickeln, uns an unterschiedliche Situationen anzupassen.

Lokis Rolle in Ragnarök

Loki wird eine zentrale Rolle in Ragnarök, dem Schicksalsende der Götter, spielen. Er wird gegen die Götter kämpfen und schließlich von Thor besiegt werden. Dieser endgültige Kampf wird die Welt in Chaos stürzen und das Schicksal der nordischen Götter besiegeln.

Frigg - Die Königin der Götter und Göttinnen:

In der nordischen Mythologie nimmt Frigg, auch bekannt als Frigga oder Frija, eine herausragende Stellung ein. Sie ist die Göttin der Liebe, der Familie und der Ehe. Als Gemahlin von Odin, dem Allvater, und Mutter von Balder, dem strahlendsten der Götter, verkörpert Frigg die hohe Stellung und die Bedeutung der weiblichen Gottheiten in der nordischen Götterwelt.

Die Göttin der Liebe und Ehe

Eine der zentralen Rollen von Frigg ist ihre Funktion als Göttin der Liebe und der Ehe. Sie ist die Beschützerin der Liebe zwischen Mann und Frau und die Schutzpatronin der Ehe. Frigg lehrt uns die Bedeutung von Treue, Verbindung und familiärer Bindung.

Die Gemahlin von Odin

Frigg ist die Gemahlin von Odin, dem mächtigsten der nordischen Götter. Ihre Beziehung symbolisiert die Vereinigung von Weisheit und Liebe, von männlicher und weiblicher Energie. Gemeinsam repräsentieren sie die Harmonie und die spirituelle Ordnung in der nordischen Mythologie.

Die Mutter von Balder

Balder, der strahlende Gott des Lichts und der Schönheit, ist der Sohn von Frigg und Odin. Frigg liebte ihren Sohn über alles, und sein tragisches Schicksal und seine Ermordung durch Loki sind eines der bekanntesten Ereignisse in der nordischen Mythologie. Friggs Trauer über den Verlust ihres geliebten Sohnes betont ihre Mutterliebe und ihren Schmerz.

Die Göttin des Himmels und der Wolken

Frigg wird auch mit dem Himmel und den Wolken in Verbindung gebracht. Ihre Präsenz ist oft mit Wolken und Regenbögen verbunden, und sie wird als Himmelskönigin verehrt.

Diese Verbindung zur Natur und zur atmosphärischen Schönheit betont die enge Beziehung der nordischen Mythologie zur natürlichen Welt.

Die Prophezeiung von Ragnarök

Frigg hatte die Gabe der Vorhersehung und wusste um das Schicksal ihres Sohnes Balder und das kommende Ragnarök, das Schicksalsende der Götter. Sie versuchte alles in ihrer Macht Stehende, um das Unausweichliche zu verhindern, aber letztendlich konnte sie das Schicksal nicht aufhalten. Ihre Bemühungen und ihr Schmerz unterstreichen ihre Rolle als Mutter und Beschützerin.

Die zeitlose Bedeutung von Frigg

Frigg erinnert uns daran, dass die Liebe, die Familie und die Ehe wichtige Aspekte des menschlichen Lebens sind. Ihre Rolle in der nordischen Mythologie betont die Bedeutung von Bindungen und familiären Beziehungen. Frigg lehrt uns, für die Menschen, die wir lieben, zu sorgen und die Bedeutung von Treue und Verbindung zu schätzen. Frigg symbolisiert die Liebe und die weibliche Energie in einer Welt der Götter und erinnert uns daran, dass diese Aspekte des Lebens von zeitloser Bedeutung sind.

Freyr - Der Gott der Fruchtbarkeit:

Freyr, auch bekannt als Frey oder Fro, ist eine der faszinierendsten Figuren in der nordischen Mythologie. Er ist der Gott der Fruchtbarkeit, des Wohlstands und des Friedens. Freyr spielt eine zentrale Rolle in der nordischen Götterwelt und verkörpert die Werte von Wachstum, Fruchtbarkeit und Überfluss.

Die Rolle der Fruchtbarkeit

Freyr ist vor allem als der Gott der Fruchtbarkeit bekannt. Er bringt Wachstum und Überfluss in die Welt und ist der Schutzpatron der Landwirtschaft. Die Nordmänner glaubten, dass Freyr die Fähigkeit hatte, die Felder fruchtbar zu machen und eine reiche Ernte zu garantieren.
Seine Präsenz war von entscheidender Bedeutung für das Überleben der Menschen in einer harten und anspruchsvollen Umgebung.

Der Friedensgott

Freyr wird auch als Friedensgott verehrt. Er ist ein Vermittler und Friedensstifter, der Konflikte lösen und Harmonie wiederherstellen kann. Seine Rolle als Friedensgott betont die Bedeutung von Frieden und Wohlstand in einer Welt, die von Kriegen und Gefahren geprägt ist.

Das mächtige Artefakt - Skidbladnir

Freyr besitzt ein mächtiges Schiff namens Skidbladnir, das von Zwergen geschmiedet wurde. Dieses Schiff kann von den Göttern verwendet werden, um auf dem Meer zu reisen, und es ist so groß, dass es die gesamte Götterfamilie aufnehmen kann. Skidbladnir ist ein Symbol für Freyrs Macht und seine Fähigkeit, Reichtum und Wohlstand zu schaffen.

Die Liebe zu Gerdr

Eine der bekanntesten Geschichten über Freyr handelt von seiner Liebe zu Gerdr, einer jungen Riesin. Um ihre Liebe zu gewinnen, musste Freyr seinen geliebten magischen Ring "Draupnir" opfern.

Diese Geschichte betont seine Entschlossenheit und seine Bereitschaft, persönlichen Verlust für die Liebe und das Glück anderer hinzunehmen.

Die Verbindung zur Sonne

Freyr wird oft mit der Sonne in Verbindung gebracht. Seine Präsenz bringt Licht und Wärme in die Welt und fördert das Wachstum der Pflanzen. Die Nordmänner glaubten, dass die Sonne ein Geschenk von Freyr war, das die Erde beleuchtete und Fruchtbarkeit brachte.

Die zeitlose Bedeutung von Freyr

Freyr erinnert uns daran, dass Fruchtbarkeit und Wohlstand wichtige Aspekte des menschlichen Lebens sind. Seine Rolle in der nordischen Mythologie betont die Bedeutung von Natur und Landwirtschaft in der menschlichen Existenz.
Freyr lehrt uns, für die Erde und ihre Gaben dankbar zu sein und die Bedeutung von Wachstum und Überfluss zu schätzen.
Seine Bedeutung und Rolle als Schutzpatron der Landwirtschaft und des Friedens betonen die Werte von Fruchtbarkeit, Wohlstand und Harmonie. Freyr symbolisiert die Notwendigkeit des Gedeihens und des Wachstums in einer Welt, die oft von Herausforderungen geprägt ist.

Heimdall - Der Wächter der Götter:

Heimdall, auch bekannt als Heimdallr oder der Weiße Gott, ist eine der faszinierendsten und geheimnisvollsten Figuren in der nordischen Mythologie. Er verkörpert die Rolle des Wächters und Beschützers der Götter und ist eine wichtige Figur in der Vorbereitung auf Ragnarök, das Schicksalsende der Götter.

Der Wächter der Götter

Heimdall hat die Aufgabe, die Brücke Bifröst zu bewachen, die den Himmel, Midgard (die Welt der Menschen) und die anderen Welten miteinander verbindet. Er ist der Wächter und Schützer von Asgard, der himmlischen Welt der nordischen Götter. Seine Wachsamkeit und seine Fähigkeit, Gefahren zu erkennen, sind von entscheidender Bedeutung für die Sicherheit der Götter und der gesamten Welt.

Die scharfen Sinne

Heimdall besitzt außergewöhnliche Sinne, die es ihm ermöglichen, auch die leisesten Geräusche und die geringsten Bewegungen wahrzunehmen. Er benötigt nur wenig Schlaf und Nahrung, um wachsam zu bleiben. Diese übermenschlichen Sinne machen ihn zum idealen Wächter und Beschützer.

Die goldene Mähne

In einigen Quellen wird Heimdall mit einer goldenen Mähne beschrieben, die im Wind schimmert. Dieses goldene Haar wird als Symbol für das Sonnenlicht und den Glanz des Himmels gedeutet und unterstreicht seine Verbindung zur Himmelswelt.

Die Rolle in Ragnarök

Heimdall spielt eine entscheidende Rolle in Ragnarök, dem Schicksalsende der Götter. Er wird die goldene Horn Gjallarhorn blasen, um die Götter und die Welt der Menschen auf die bevorstehende Schlacht gegen die Mächte des Chaos und des Untergangs vorzubereiten. Seine Aufgabe ist es, die Götter zu warnen und sie auf die apokalyptischen Ereignisse vorzubereiten.

Die Bedeutung von Heimdall

Heimdall ist eine Symbolfigur für Wachsamkeit, Pflichterfüllung und Schutz. Seine Rolle als Wächter und seine Verbindung zur Brücke Bifröst betonen die Bedeutung von Verbindung und Schutz in der nordischen Mythologie.

Er erinnert daran, dass auch die mächtigsten Wesen Beschützer brauchen und dass Wachsamkeit und Pflichterfüllung unerlässlich sind, um die Sicherheit und das Gleichgewicht in der Welt zu bewahren.

Seine Bedeutung und Rolle als Wächter und Beschützer betonen die Werte von Wachsamkeit und Pflichterfüllung. Heimdall symbolisiert die Notwendigkeit des Schutzes und der Vorbereitung in einer Welt, die von Gefahren und Schicksalswendungen geprägt ist.

Skadi -
Die Göttin der Jagd, des Winters und der Berge:

Skadi ist eine vielseitige und beeindruckende Göttin in der nordischen Mythologie. Sie verkörpert die Wildnis, die Jagd, den Winter und die Berge. Ihre Geschichte und Attribute machen sie zu einer einzigartigen Figur in der Götterwelt der Nordmänner.

Die Göttin der Jagd und der Wildnis

Skadi ist die Göttin der Jagd und der Wildnis. Sie wurde oft in den Bergregionen Skandinaviens verehrt und galt als Beschützerin der Jäger und Naturmenschen. Ihre Präsenz war in den rauesten und entlegensten Teilen der Welt spürbar.

Die eisige Kälte des Winters

Skadi ist auch mit dem Winter und der Kälte verbunden. Ihr Name wird manchmal mit dem Wort "Skadi" in Verbindung gebracht, was "Schaden" oder "Schade" bedeutet.

Sie steht für die raue, unerbittliche Seite des Winters und die Herausforderungen, die diese Jahreszeit mit sich bringt.

Die Berge und die Berggötter

Skadi ist die Tochter des Riesen Thiazi und wird daher oft mit den Berggöttern in Verbindung gebracht. Ihre Verbindung zu den Bergen und den wilden Landschaften betont ihre Rolle als Beschützerin der Natur und der Abgeschiedenheit.

Die Ehe mit Njord und die Kompromisse

In einer der bekanntesten nordischen Mythen wurde Skadi zur Frau von Njord, dem Gott des Meeres.

hre Ehe war jedoch von Unstimmigkeiten geprägt, da sie sich nicht auf einen gemeinsamen Wohnort einigen konnten. Skadi verbrachte die meiste Zeit in den Bergen, während Njord das Meer bevorzugte. Diese Geschichte betont die Kompromissbereitschaft in den nordischen Mythen und die Fähigkeit, Unterschiede zu überwinden.

Die Jagd auf die Bestie

Eine andere bekannte Geschichte über Skadi handelt von ihrer Jagd auf die Bestie, die ihren Vater getötet hatte. Sie verfolgte das Tier über große Entfernungen und bewies ihre Entschlossenheit und ihren Mut in der Jagd.

Die zeitlose Bedeutung von Skadi

Skadi erinnert uns daran, dass die Wildnis und die Natur wichtige Aspekte des menschlichen Lebens sind. Ihre Rolle in der nordischen Mythologie betont die Bedeutung von Natur, Wildnis und Abgeschiedenheit. Skadi lehrt uns, die Schönheit und die Herausforderungen der Natur zu schätzen und zeigt, dass auch die rauen Seiten des Lebens ihren Platz und ihre Bedeutung haben.

Ihre Bedeutung und Rolle als Beschützerin der Wildnis und der Natur betonen die Werte von Entschlossenheit und Naturverbundenheit. Skadi symbolisiert die Notwendigkeit, die Beziehung zwischen Mensch und Natur zu respektieren und zu schätzen.

Njord - Der Gott des Meeres und der Fruchtbarkeit:

Njord ist eine bedeutende Figur in der nordischen Mythologie und wird als der Gott des Meeres, der Schifffahrt und der Fruchtbarkeit verehrt. Seine Geschichte und sein Einfluss spiegeln die enge Verbindung der Nordmänner zur See und zur Natur wider.

Der Gott des Meeres und der Seefahrt

Njord ist vor allem als der Gott des Meeres bekannt. Er wird oft mit der ruhigen See und den segelbaren Gewässern in Verbindung gebracht, was ihn zu einem wichtigen Schutzpatron der Seefahrer und Fischer macht. Die Nordmänner verließen sich auf seine Gunst, um sichere Reisen zu gewährleisten und reiche Fischgründe zu finden.

Die Fruchtbarkeit und der Wohlstand

Njord ist auch ein Gott der Fruchtbarkeit und des Wohlstands.

Er wird mit reichem Ertrag und fruchtbaren Böden in Verbindung gebracht, was seine Verehrung unter den Bauern und Ackerbauern verstärkte. Sein Einfluss sorgte dafür, dass die Ernten erfolgreich waren und die Menschen genug zu essen hatten.

Die Ehe mit Skadi und die Kompromisse

Eine der bekanntesten Geschichten über Njord handelt von seiner Ehe mit Skadi, der Göttin der Jagd und der Berge. Obwohl sie sehr unterschiedliche Vorlieben hatten – Njord bevorzugte das Meer, Skadi die Berge – versuchten sie, ihre Unterschiede zu überwinden. Diese Geschichte betont die Bedeutung von Kompromissen und die Fähigkeit, in Beziehungen und im Leben insgesamt ausgewogene Lösungen zu finden.

Die Beziehung zu den Göttern und Riesen

Njord ist auch als der Vater von Freyr und Freyja bekannt, zwei mächtigen Geschwistern. Diese Verbindung zeigt seine wichtige Rolle im Pantheon der nordischen Götter. Darüber hinaus hatte er Beziehungen zu den Riesen, was die komplexe Natur seiner Persönlichkeit verdeutlicht.

Die Bedeutung von Njord

Njord erinnert daran, wie die nordischen Völker auf das Meer und die Natur angewiesen waren, um ihr Überleben zu sichern. Seine Rolle als Schutzpatron der Seefahrer und Bauern betont die Werte von Sicherheit, Fruchtbarkeit und Wohlstand. Njord symbolisiert die enge Beziehung zwischen den Menschen und der Natur in einer Welt, die von den Elementen geprägt ist.

Seine Bedeutung und Rolle als Beschützer der Seeleute und der Landwirtschaft betonen die Werte von Verbundenheit mit der Natur und Wohlstand. Njord erinnert uns daran, wie die Natur und das Meer für die nordischen Völker von zentraler Bedeutung waren und auch heute noch wichtige Quellen des Lebens und der Inspiration sind.

Hel -
Die Göttin der Unterwelt und der Toten:

Hel ist eine herausragende und faszinierende Göttin in der nordischen Mythologie. Sie regiert über das Reich der Toten und repräsentiert die Welt jenseits des Lebens. Ihre Geschichte und ihre Bedeutung werfen ein Licht auf die Vorstellung der Nordmänner vom Tod und dem Leben nach dem Tod.

Die Göttin der Unterwelt

Hel ist die Göttin der Unterwelt und der Toten. Ihr Name ist auch der Ursprung des Wortes "Hölle" in der englischen Sprache, was auf die düstere und unheimliche Natur ihres Reiches hinweist. In der nordischen Mythologie ist die Unterwelt ein Ort der Ruhe und des Friedens für diejenigen, die ein anständiges Leben geführt haben, und ein Ort der Bestrafung für die Verbrecher.

Die Tochter von Loki

Hel ist die Tochter von Loki, dem Listenreichen, und der Riesin Angrboða. Diese ungewöhnliche Abstammung macht sie zu einem einzigartigen Wesen in der Welt der nordischen Götter. Loki, ihr Vater, ist bekannt für seine Unruhestiftung und seine List, während Angrboða mit den Riesen in Verbindung steht, die oft als Gegner der Götter angesehen werden.

Die Aufnahme von Balder

In einer der bekanntesten nordischen Geschichten verweigert Hel die Freilassung von Balder, dem Gott des Lichts und der Reinheit, nachdem er versehentlich getötet wurde. Dies führt zu einer der tragischsten Geschichten in der nordischen Mythologie, da Balder einer der geliebtesten Götter ist. Hel steht symbolisch für das unvermeidliche Schicksal und den Tod, der nicht umgangen werden kann.

Die Bedeutung von Hel

Hel erinnert uns daran, dass der Tod ein integraler Bestandteil des Lebens ist und dass niemand ihm entkommen kann.

Ihre Rolle als Göttin der Unterwelt betont die Endlichkeit des irdischen Lebens und die Vorstellung, dass die Taten und Entscheidungen im Leben Konsequenzen für das Leben nach dem Tod haben.

Ihre Bedeutung und Rolle als Bewahrerin der Toten und als Verwalterin der Unterwelt betonen die Werte von Verantwortung und Konsequenzen. Hel symbolisiert die Notwendigkeit, den Tod als Teil des Lebens anzuerkennen und sich der Endlichkeit bewusst zu sein.

Bragi -
Der Gott der Dichtkunst und der Poesie:

Bragi ist eine herausragende Figur in der nordischen Mythologie und wird als der Gott der Dichtkunst, der Poesie und der Musik verehrt. Seine Bedeutung und Rolle in der Welt der nordischen Götter werfen ein Licht auf die kulturellen Werte und die hohe Wertschätzung von Kunst und Kreativität in der nordischen Kultur.

Der Gott der Dichtkunst

Bragi ist vor allem für seine herausragende Rolle als Gott der Dichtkunst und der Poesie bekannt. Er wird oft als der Schutzpatron von Skalden, den nordischen Dichtern und Barden, angesehen. Diese Künstler waren dafür verantwortlich, die Geschichten und Taten der Götter und Helden in poetischer Form zu verewigen.

Die Harfe und die Musik

Bragi wird oft mit einer Harfe dargestellt und wird als Musiker und Sänger verehrt.

Seine Musik galt als inspirierend und kreativitätsfördernd, und seine Lieder und Gedichte wurden als Quelle der Inspiration für die nordischen Künstler angesehen.

Die Ehe mit Idun

Bragi ist mit Idun, der Göttin der Jugend und der Unsterblichkeit, verheiratet. Diese Verbindung betont die Beziehung zwischen Jugend und Kreativität, da die Jugend oft als Zeit der Inspiration und des künstlerischen Schaffens angesehen wird. Die Äpfel der Jugend, die Idun bewacht, verleihen den Göttern Unsterblichkeit und ewige Jugend.

Die Bedeutung von Bragi

Bragi erinnert uns daran, dass die Dichtkunst und die Poesie in der nordischen Kultur einen hohen Stellenwert hatten. Seine Rolle als Schutzpatron der Dichter und Künstler betont die Werte von Kreativität und Ausdruck. Bragi symbolisiert die Kraft der Poesie und Musik, Geschichten zu erzählen und Kultur zu bewahren.Bragi erinnert uns daran, wie die nordischen Völker die Kunst und die Poesie als Mittel zur Bewahrung ihrer Geschichten und Kultur schätzten und wie diese Werte bis heute in der nordischen Folklore und Literatur weiterleben.

Forseti - Der Gott der Gerechtigkeit und des Rechts:

Forseti ist eine bedeutende und respektierte Figur in der nordischen Mythologie, obwohl seine Erwähnung in den überlieferten Quellen begrenzt ist. Er wird als der Gott der Gerechtigkeit, des Rechts und des Schlichtens von Konflikten verehrt. Die Rolle von Forseti spiegelt die nordische Vorstellung von Recht und Ordnung wider.

Die Rolle des Schiedsrichters

Forseti ist vor allem für seine Rolle als Schiedsrichter in Konflikten bekannt. Er wird oft als derjenige angesehen, der Streitigkeiten zwischen den Göttern und Menschen schlichtet. Seine Weisheit und Neutralität machen ihn zu einer vertrauenswürdigen Figur in dieser Funktion.

Die Friedenshalle Glitnir

Forseti wird oft mit der Friedenshalle Glitnir in Verbindung gebracht, die von den Göttern als Ort der Rechtsprechung und Schlichtung genutzt wird. Diese Halle ist von silberner Farbe und strahlt Frieden und Harmonie aus.

Die Bedeutung von Recht und Ordnung

Die Verehrung von Forseti betont die Wichtigkeit von Recht und Ordnung in der nordischen Kultur. Seine Rolle als Schiedsrichter und Hüter der Gerechtigkeit unterstreicht die Werte von Fairness und Frieden. In einer Welt, in der Konflikte und Kämpfe eine große Rolle spielten, erinnerte die Präsenz von Forseti die Menschen daran, dass es Mechanismen zur Lösung von Streitigkeiten und zur Erhaltung des sozialen Gefüges gab.

Die Bedeutung von Forseti heute

Forseti erinnert uns daran, wie wichtig Recht und Gerechtigkeit für eine Gesellschaft sind. Seine Rolle als Schiedsrichter und Bewahrer des Friedens betont die Werte von Fairness und Rechtsstaatlichkeit.

In einer modernen Welt, in der Recht und Ordnung von großer Bedeutung sind, kann die Verehrung von Forseti uns daran erinnern, dass die Prinzipien der Gerechtigkeit und der Schlichtung von Konflikten in vielen Kulturen tief verwurzelt sind.

Insgesamt ist Forseti, der Gott der Gerechtigkeit und des Rechts, eine bedeutende und respektierte Figur in der nordischen Mythologie. Seine Bedeutung und Rolle als Schiedsrichter und Hüter der Gerechtigkeit betonen die Werte von Fairness und Frieden. Forseti symbolisiert die Notwendigkeit von Recht und Ordnung in einer Gesellschaft und erinnert uns daran, dass Gerechtigkeit ein zentraler Wert in vielen Kulturen ist.

Die Bedeutung der Götter und Göttinnen in der nordischen Mythologie

Die Götter und Göttinnen in der nordischen Mythologie sind nicht nur mythische Figuren, sondern auch Träger von tiefen symbolischen Bedeutungen und kulturellen Werten. Ihre Geschichten und Eigenschaften vermitteln eine Vielzahl von Botschaften, die das Weltbild und die Moralvorstellungen der Nordmänner geprägt haben.

Die Dualität der Götterwelt

Eine bemerkenswerte Eigenschaft der nordischen Götterwelt ist die Dualität, die in vielen der Götter und Göttinnen verkörpert wird. Dies zeigt sich in Kontrasten wie Gut gegen Böse, Ordnung gegen Chaos und Licht gegen Dunkelheit. Odin und Thor repräsentieren das Gute und die Ordnung, während Loki als Inbegriff des Listigen und Desorganisierten angesehen wird. Diese Dualität spiegelt die realen Widersprüche und Herausforderungen des Lebens wider und betont die Bedeutung des Gleichgewichts.

Die Moral und ethische Lehren

Die Geschichten der Götter und Göttinnen in der nordischen Mythologie enthalten auch ethische Lehren und moralische Botschaften. Zum Beispiel lehrt die Geschichte von Balder, wie die Verletzlichkeit und Sterblichkeit aller Dinge akzeptiert werden sollten. Die Taten und Entscheidungen der Götter und Göttinnen in den Mythen haben oft Konsequenzen, die eine moralische Lektion vermitteln. Dies unterstreicht die Bedeutung von Ehre, Treue und Verantwortung in der nordischen Kultur.

Die Verbindung zur Natur und dem Kosmos

Viele nordische Götter und Göttinnen sind eng mit der Natur und dem Kosmos verbunden. Thor, der Donnergott, kontrolliert Blitze und Gewitter, während Freyja die Natur und die Fruchtbarkeit repräsentiert. Diese enge Verbindung zwischen den Göttern und der Natur spiegelt die tiefe Wertschätzung der Nordmänner für ihre Umwelt und die Abhängigkeit von der Natur in ihrer Lebensweise wider.

Die weibliche und männliche Dualität

In der nordischen Mythologie ist die Dualität nicht auf die Konzepte von Gut und Böse beschränkt, sondern erstreckt sich auch auf die Geschlechterrollen. Die Götter und Göttinnen in der nordischen Mythologie sind nicht auf eine stereotype Geschlechterverteilung beschränkt. Freyja, die Göttin der Liebe und Schönheit, ist genauso mächtig wie Thor, der Donnergott. Diese Gleichberechtigung spiegelt die Vielfalt der Geschlechterrollen und die Bedeutung von Weiblichkeit und Männlichkeit in der nordischen Kultur wider.

Die Einflüsse auf die moderne Welt

Die nordische Mythologie hat nicht nur die antike Kultur der Nordmänner geprägt, sondern auch die moderne Welt beeinflusst. Die nordischen Götter und Göttinnen sind zu Symbolen für die nordische Kultur und Identität geworden. Ihre Darstellungen und Geschichten finden sich in Literatur, Kunst, Popkultur und vielen anderen Bereichen wieder. Die nordische Mythologie hat einen anhaltenden Einfluss auf die moderne Welt und fasziniert Menschen auf der ganzen Welt. Die nordische Mythologie bleibt ein faszinierendes und bedeutsames Erbe.

Ihre Attribute, Symbole und Verbindung zur Natur in der nordischen Mythologie

Die Götter und Göttinnen der nordischen Mythologie sind nicht nur Charaktere in fesselnden Geschichten, sondern sie tragen auch eine Fülle von Attributen und Symbolen, die ihre einzigartigen Eigenschaften und Verbindungen zur Natur verdeutlichen.

In diesem ausführlichen Überblick werden wir die Attribute, Symbole und die enge Beziehung der nordischen Götter und Göttinnen zur Natur genauer beleuchten.

Odin -
Der Allvater und Weiser der Weisen

Odin, der Allvater, ist eine der zentralen Figuren in der nordischen Mythologie. Er ist der Gott der Weisheit und der Poesie. Seine Attribute und Symbole beinhalten:

- *Die Raben*: Odin wird oft mit zwei Raben in Verbindung gebracht, Hugin (der Gedanke) und Munin (die Erinnerung), die ihm Bericht erstatten, was in der Welt geschieht.

- *Der Einäugige*: Odin opferte eines seiner Augen, um aus dem Brunnen der Weisheit zu trinken. Dies symbolisiert seine Bereitschaft, Opfer für Wissen zu bringen.

- *Der Speer Gungnir*: Odin besitzt einen unfehlbaren Speer namens Gungnir, der seine Macht und Entschlossenheit repräsentiert.

Odin hat eine enge Verbindung zur Natur und zum Kosmos, da er das Wissen über die Welt erlangt hat, indem er sich selbst geopfert hat. Seine Weisheit spiegelt die Verbindung der nordischen Kultur zur Natur und den Jahreszeiten wider.

Thor - Der Donnergott und Beschützer Midgards

Thor, der Donnergott, ist bekannt für seine Stärke und seinen Schutz der Menschenwelt Midgard. Seine Attribute und Symbole umfassen:

- *Mjölnir*: Thors mächtiger Hammer, Mjölnir, ist sein charakteristisches Symbol. Er kann damit Blitze schleudern und Feinde besiegen.

- *Der Ziegenwagen*: Thor reist in einem Wagen, der von zwei Ziegen gezogen wird, die für seine Kraft und sein Durchhaltevermögen stehen.

Thor ist eine Verkörperung der Naturgewalten, da er Donner und Blitz kontrolliert. Seine Verbindung zur Natur zeigt sich in seiner Rolle als Beschützer von Midgard und den Menschen.

Freyja -
Die Göttin der Liebe und Schönheit

Freyja, die Göttin der Liebe und Schönheit, ist eine der mächtigsten Göttinnen in der nordischen Mythologie. Ihre Attribute und Symbole beinhalten:

- *Der Kätnerwagen*: Freyja reist oft in einem Wagen, der von Katzen gezogen wird, die ihre Unabhängigkeit und Sinnlichkeit repräsentieren.

- *Das Halsband Brísingamen*: Freyjas Halsband, das von Zwergen geschmiedet wurde, symbolisiert ihre Verbindung zur Natur und zu den Schätzen der Erde.

Freyja repräsentiert die sinnlichen Aspekte der Natur und der menschlichen Existenz. Sie ist die Göttin der Liebe und Fruchtbarkeit und spielt eine wichtige Rolle in den Mythen über Leidenschaft und Schönheit.

Die Verbindung zur Natur und dem Kosmos

Die nordischen Götter und Göttinnen sind eng mit der Natur und dem Kosmos verbunden. Ihre Attribute und Symbole spiegeln die enge Beziehung zur natürlichen Welt wider. Der Weltenbaum Yggdrasil, der die neun Welten miteinander verbindet, ist ein zentrales Symbol, das die Verbindung zwischen den verschiedenen Ebenen des Universums betont. Die Jahreszeiten, die Elemente und die Naturgewalten spielen eine wichtige Rolle in den Geschichten der nordischen Götter und Göttinnen.

Die nordische Mythologie unterstreicht die tiefe Wertschätzung der Nordmänner für die Natur und die Abhängigkeit von der Umwelt in ihrem Leben. Die Götter und Göttinnen sind nicht nur mythologische Figuren, sondern auch Symbole für die Verbindung zwischen Mensch und Natur, zwischen Ordnung und Chaos, und zwischen den Kräften, die das Universum antreiben. Ihre Attribute und Symbole sind nicht nur visuelle Kennzeichen, sondern tragen auch zur tieferen Bedeutung und Symbolik der nordischen Mythologie bei.

Die Rolle der Götter im Leben der Menschen in der nordischen Mythologie

Die Götter in der nordischen Mythologie spielten eine zentrale und vielschichtige Rolle im Leben der Menschen. Sie waren nicht nur mythologische Figuren, sondern auch kulturelle Symbole und spirituelle Führer. In diesem ausführlichen Überblick werden wir die bedeutende Rolle der Götter im Leben der Menschen in der nordischen Mythologie untersuchen.

Schutz und Vorbilder

Die nordischen Götter wurden als mächtige Beschützer und Vorbilder angesehen. Sie sorgten für Schutz und Sicherheit, besonders in gefährlichen Zeiten. Thor, der Donnergott, wurde beispielsweise als Beschützer gegen Naturkatastrophen und Feinde verehrt. Die Menschen beteten zu den Göttern, um ihren Schutz zu erbitten und sich vor unheilvollen Kräften zu bewahren.

Religiöse Rituale und Opfergaben

Die Verehrung der Götter war ein integraler Bestandteil des täglichen Lebens in der nordischen Kultur. Die Menschen führten regelmäßige religiöse Rituale durch und brachten den Göttern Opfergaben dar, um ihre Gunst zu gewinnen. Diese Opfergaben konnten Lebensmittel, Schmuck oder andere wertvolle Gegenstände sein. Die Götter wurden oft um Wohlstand, Gesundheit und Glück gebeten.

Beziehung zu den Göttern

Die Beziehung zwischen den Menschen und den Göttern war nicht nur von Bitten um Schutz und Wohlstand geprägt, sondern auch von Respekt und Verehrung. Die Götter wurden nicht als ferne Wesen betrachtet, sondern als Teil des täglichen Lebens. Die Nordmänner sahen die Götter als Vorbilder für Tugend und Ehre, und sie versuchten, diesen Idealen nachzueifern.

Der Einfluss auf das Schicksal

In der nordischen Mythologie war das Schicksal ein zentrales Thema, und die Götter spielten eine wichtige Rolle bei der Gestaltung des Schicksals der Menschen.

Odin, der Allvater, war bekannt für seine Weisheit und sein Wissen über das Schicksal. Die Menschen glaubten, dass die Götter das Schicksal beeinflussten und die Ereignisse im Leben der Menschen lenkten. Sie hofften, die Gunst der Götter zu erlangen, um ein gutes Schicksal zu haben.

Die Reise der Seele nach Walhalla

Ein wichtiger Aspekt der nordischen Mythologie war die Vorstellung, dass diejenigen, die im Kampf starben, nach Walhalla, dem prächtigen Saal der Götter, gelangen würden. Die Götter, insbesondere Odin, wählten die tapfersten Krieger aus, um an ihrer Seite in der Endschlacht, Ragnarök, zu kämpfen. Dieser Glaube diente als Ansporn für die Krieger, im Kampf mutig zu sein und sich tapfer zu verhalten.

Lehren und moralische Werte

Die Geschichten der Götter in der nordischen Mythologie enthielten oft moralische Lehren. Die Taten der Götter und ihre Entscheidungen hatten oft Konsequenzen, die eine moralische Botschaft vermittelten.

Diese Geschichten betonten die Bedeutung von Ehre, Treue, Opfer und anderen moralischen Werten, die in der nordischen Kultur geschätzt wurden.

Der kulturelle Einfluss der Götter

Die Götter und ihre Geschichten hatten nicht nur einen religiösen Einfluss, sondern auch einen tiefgreifenden kulturellen Einfluss. Die nordische Mythologie beeinflusste Kunst, Literatur und Musik. Die Götter und ihre Symbole wurden in Schmuck, Wappen und anderen kulturellen Ausdrucksformen dargestellt.

Die Götter waren Beschützer, Vorbilder, moralische Lehrer und Gestalter des Schicksals.

Die Verehrung der Götter und die Anerkennung ihrer Bedeutung für das Leben der Menschen trugen zur tiefen Verbindung zwischen Mensch und Mythologie in der nordischen Kultur bei.

Kapitel 3:

Die Helden und Heldinnen

Die Sagahelden: Siegfried, Beowulf und andere

Die nordische Mythologie ist reich an Geschichten und Legenden, die die Ursprünge der Welt und des Universums erklären. Eine der faszinierendsten und zentralen Erzählungen in diesem Mythos ist die Schöpfungsgeschichte, die von Ginnungagap und Yggdrasil geprägt ist. Diese beiden Elemente bilden das Fundament, auf dem die Welt der nordischen Götter, Helden und Kreaturen errichtet wurde.

Siegfried - Der Drachentöter aus der Nibelungensage:

Siegfried ist zweifellos eine der faszinierendsten Figuren in der Nibelungensage, einer der bekanntesten Heldensagen in der deutschen Literatur und Mythologie. Seine Geschichte ist geprägt von Tapferkeit, Verrat und tragischem Schicksal. Die Figur des Siegfried verkörpert den klassischen archetypischen Helden, der in vielen Kulturen und mythologischen Traditionen zu finden ist.

Die Jugend und Ausbildung

Siegfried wurde als Sohn des Königs Sigmund und der Königin Sieglinde geboren. Von Kindheit an wurde er auf eine künftige Rolle als Held vorbereitet. Er erlernte die Kunst des Schwertkampfes und wurde von dem Zwerg Mime, einem begabten Schmied und Lehrer, in verschiedenen Handwerkskünsten unterrichtet.

Das Schwert Balmung

Ein herausragendes Symbol von Siegfrieds Stärke und Entschlossenheit ist sein Schwert Balmung, das er aus dem Schatz des Drachens Fafnir erbeutete. Dieses mächtige Schwert wurde zu einem wichtigen Werkzeug in seinen heroischen Abenteuern und ist ein Symbol seiner Überlegenheit über seine Feinde.

Die Tötung des Drachens Fafnir

Siegfrieds berühmteste Tat war zweifelsohne die Tötung des Drachens Fafnir. Dieses epische Abenteuer fand statt, nachdem er das Drachenblut auf seine Zunge getropft hatte und dadurch die Fähigkeit erlangte, die Sprache der Vögel zu verstehen. Mit dieser neuen Gabe wurde ihm prophezeit, wie er den Drachen überlisten und besiegen konnte.

Der Ring des Nibelungen

Nach dem Sieg über Fafnir gelangte Siegfried auch in den Besitz des Nibelungenhortes, zu dem der berühmte Ring des Nibelungen gehörte. Dieser Ring wird in der Sage als Symbol für Macht und Reichtum dargestellt und wird später zu einem zentralen Element in der Geschichte.

Verrat und Tragödie

Die Geschichte von Siegfried ist jedoch auch von Verrat und Tragödie geprägt. Er wird von seinem Begleiter Hagen verraten, der den Ring des Nibelungen und den Schatz für sich haben möchte. Siegfried wird hinterrücks ermordet, und sein Tod leitet eine Kette von Ereignissen ein, die letztendlich zum Untergang des Nibelungenreiches führen.

Die Tragik des Helden

Siegfried wird oft als tragischer Held betrachtet, der aufgrund von Verrat und Schicksal zu Fall gebracht wurde. Sein kurzes, aber ruhmreiches Leben endete in einer Tragödie, die bis heute als eine der bekanntesten Geschichten in der deutschen Literatur und Mythologie gilt.

Die kulturelle Bedeutung

Die Figur des Siegfried und die Nibelungensage haben einen starken kulturellen Einfluss in Deutschland und darüber hinaus. Die Sage wurde in der Oper "Der Ring des Nibelungen" von Richard Wagner berühmt und hat zahlreiche Literatur- und Kunstwerke inspiriert. Siegfried selbst wird als Symbol für Tapferkeit, Heldenmut und das Streben nach Ruhm betrachtet.

Beowulf - Der Kämpfer gegen Ungeheuer aus dem altenglischen Epos Beowulf

Beowulf ist zweifellos eine der bekanntesten und faszinierendsten Figuren in der altenglischen Literatur. Er ist der Held des Epos "Beowulf", das in der angelsächsischen Zeit geschrieben wurde und zu den bedeutendsten Werken der altenglischen Literatur zählt. Beowulf wird als Verkörperung von heldenhaftem Mut und Tapferkeit angesehen und ist bekannt für seine epischen Kämpfe gegen furchterregende Ungeheuer.

Die Jugend und Ausbildung

Beowulf wurde in Geatland (einer Region, die sich wahrscheinlich im heutigen Südschweden befand) geboren und früh für eine heldenhafte Zukunft vorbereitet. Schon in jungen Jahren zeigte er beeindruckende Stärke und Entschlossenheit. Er wurde von seinem Onkel Hygelac in die hohe Kunst des Kriegerdaseins eingeführt.

Der Kampf gegen Grendel

Eine der berühmtesten Geschichten in Beowulfs Leben ist sein Kampf gegen Grendel, ein monströses Wesen, das das Königreich der Dänen plagte. Beowulf reiste nach Dänemark und bot König Hrothgar seine Hilfe an. In einer epischen Schlacht tötete er Grendel mit bloßen Händen. Dieser Kampf zeugte von Beowulfs übermenschlicher Stärke und seinem unbändigen Mut.

Das Schwert Hrunting

Später kämpfte Beowulf gegen Grendels Mutter, die verzweifelt Rache suchte. In diesem Kampf griff er auf das Schwert Hrunting zurück, das er von einem anderen Helden erhalten hatte. Dieser Kampf unter Wasser zeigte Beowulfs Entschlossenheit und Überlebensfähigkeit.

Der König und der Drache

Beowulf wurde schließlich König der Geaten und regierte für viele Jahre. Doch in seinem späten Leben sah er sich mit einem weiteren gefährlichen Gegner konfrontiert, einem gewaltigen Drachen, der sein Königreich bedrohte.

Trotz seines hohen Alters und der Aussicht auf einen gefährlichen Kampf zögerte Beowulf nicht, sich dem Drachen zu stellen. In einem heldenhaften Kampf tötete er den Drachen, wurde jedoch selbst schwer verwundet und starb kurz darauf.

Die Tugenden des heldenhaften Mutes

Beowulf wird als Verkörperung der Tugenden des heldenhaften Mutes und der Tapferkeit betrachtet. Seine unglaubliche Stärke und sein unbeugsamer Wille, sich gegen furchterregende Ungeheuer zu stellen, sind zentrale Elemente seiner Geschichte. Er ist ein Symbol für die Ideale des heldenhaften Kriegers, die in der altenglischen Literatur und Kultur hoch geschätzt wurden.

Kulturelle Bedeutung

Beowulf und sein Epos haben eine immense kulturelle Bedeutung. Das Gedicht ist eines der ältesten erhaltenen literarischen Werke in der englischen Sprache und zeugt von den heldenhaften Idealen und der Erzähltradition der angelsächsischen Kultur. Die Geschichte von Beowulf hat zahlreiche Autoren, Künstler und Filmemacher inspiriert und bleibt bis heute ein fesselnder Bestandteil der Literaturgeschichte.

Ragnar Lodbrok - Die legendäre Figur der nordischen Wikinger-Geschichte:

Ragnar Lodbrok ist eine der bekanntesten und gleichzeitig rätselhaftesten Figuren in der nordischen Wikinger-Geschichte. Sein Name taucht in verschiedenen Sagas, Liedern und historischen Quellen auf, was zu einer Aura der Legende und des Geheimnisses um seine Person beiträgt. Ragnar gilt als einer der berühmtesten Wikingerkrieger und wird oft mit einer Reihe von heldenhaften Abenteuern und Siegen in Verbindung gebracht.

Die Herkunft von Ragnar

Die genaue Herkunft von Ragnar Lodbrok ist Gegenstand von Diskussionen und Spekulationen. Einige Quellen deuten darauf hin, dass er aus Dänemark stammt, während andere ihn mit Schweden oder Norwegen in Verbindung bringen.

Es ist schwer, klare historische Fakten über sein Leben zu finden, da viele Geschichten über ihn im Laufe der Zeit zu Legenden und Mythen wurden.

Ragnars Taten und Abenteuer

Ragnar Lodbrok soll in zahlreichen Schlachten gekämpft und Siege errungen haben. Eine seiner berühmtesten Heldentaten war die Eroberung von Paris im 9. Jahrhundert. Laut der Sage belagerte er die Stadt und forderte ein Lösegeld für deren Freilassung, was zu einer der bekanntesten Wikingerbelagerungen führte.

Eine weitere bemerkenswerte Geschichte ist die, dass er einen Drachen tötete, indem er sich in die Haut eines Tieres wickelte, das der Drache verschlang. Diese Darstellung von Ragnar ist eindeutig von mythologischen und sagenhaften Elementen geprägt.

Der Tod und das Vermächtnis von Ragnar

Ragnar Lodbrok soll schließlich in England gefangen genommen und in einer Schlangengrube hingerichtet worden sein. Diese spektakuläre und dramatische Hinrichtung ist ein weiteres Beispiel für die legendären Elemente, die Ragnars Geschichten umgeben.

Das Vermächtnis von Ragnar überdauerte seinen Tod. Er wurde zu einer symbolischen Figur für die Tapferkeit und Entschlossenheit der Wikinger und ist in der nordischen Kultur und Geschichte weiterhin präsent. Zahlreiche Sagas und Lieder, die von den Taten und Abenteuern der Wikinger berichten, erwähnen Ragnar Lodbrok als herausragende Figur.

Die historische Kontroverse

Es ist wichtig zu beachten, dass die historische Genauigkeit der Geschichten über Ragnar Lodbrok in Frage gestellt wurde. Einige Forscher glauben, dass er eine fiktionale oder zusammengesetzte Figur sein könnte, die aus verschiedenen Heldengeschichten und Überlieferungen zusammengestellt wurde. Trotzdem bleibt die Figur von Ragnar Lodbrok ein wichtiger Bestandteil der nordischen Wikinger-Geschichte und Kultur.

Seine Taten und Abenteuer haben über die Jahrhunderte hinweg die Fantasie und Bewunderung vieler Menschen auf der ganzen Welt beflügelt, und sein Vermächtnis lebt in den Geschichten und Legenden der Wikinger fort.

Bjorn Eisenseite - Der Wikingerhäuptling von außergewöhnlicher Tapferkeit und Stärke:

Bjorn Järnsida, auch bekannt als Bjorn Eisenseite, ist eine herausragende Figur in der nordischen Wikinger-Geschichte. Er wurde für seine übermenschliche Stärke und Tapferkeit in zahlreichen Schlachten und Raubzügen bekannt und gehört zu den legendären Helden der Wikingerzeit.

Die Herkunft von Bjorn Eisenseite

Bjorn wurde im 9. Jahrhundert in Schweden geboren und wuchs in einer Zeit auf, in der die Wikinger weite Teile Europas durchstreiften und ihre Macht ausweiteten. Er stammte aus einer angesehenen Wikingerfamilie und wurde früh auf die raue Realität des Kriegerlebens vorbereitet. Sein Vater soll Ragnar Lodbrok, seine Mutter Lagherta die Schildmaid gewesen sein.

Die Tapferkeit und Stärke von Bjorn

Bjorn Eisenseite zeichnete sich vor allem durch seine außergewöhnliche Tapferkeit und Stärke aus. Er war berühmt für seine körperliche Kraft und seinen unbeugsamen Willen, sich in Schlachten und Raubzügen zu beweisen. Sein Beiname "Eisenseite" stammt von einer Legende, in der er seinen eigenen Knochenbruch während einer Schlacht durch das Beißen eines Stückes Eisen wieder richtete.

Teilnahme an Schlachten und Raubzügen

Bjorn nahm an zahlreichen Schlachten und Raubzügen teil, bei denen er seine Führungsqualitäten und seinen Heldenmut unter Beweis stellte. Er segelte mit seinen Kriegern in die entferntesten Regionen Europas und war an Raubzügen in Ländern wie Frankreich, Italien und Spanien beteiligt. Seine Anwesenheit auf dem Schlachtfeld inspirierte seine Männer und sorgte oft für den Sieg.

Der Machtzuwachs und die Legendenbildung

Bjorn Eisenseite trug maßgeblich zum Machtzuwachs seiner Familie und seines Clans bei.

Seine heldenhaften Taten und seine Führungsqualitäten machten ihn zu einer respektierten Figur in der Wikingerkultur. Im Laufe der Zeit wurde er zur Legende, und Geschichten über seine Taten wurden von Generation zu Generation weitergegeben.

Das Vermächtnis von Bjorn Eisenseite

Das Vermächtnis von Bjorn Eisenseite überdauerte seine Zeit und ist in der nordischen Wikinger-Geschichte und Kultur weiterhin präsent. Er wird oft als Symbol für die Tapferkeit und Entschlossenheit der Wikinger betrachtet und hat zahlreiche Lieder und Sagas inspiriert.

Historische Genauigkeit

Es ist wichtig zu beachten, dass die historische Genauigkeit der Geschichten über Bjorn Eisenseite in Frage gestellt wurde. Einige Historiker argumentieren, dass er möglicherweise eine fiktionale oder zusammengesetzte Figur ist, die aus verschiedenen Heldengeschichten und Überlieferungen zusammengestellt wurde. Trotzdem bleibt Bjorn Eisenseite eine wichtige und respektierte Figur in der nordischen Wikinger-Geschichte.

Erik der Rote - Der Wikingerführer und Entdecker Grönlands:

Erik der Rote, auch bekannt als Erik Thorvaldsson, war ein bedeutender Wikingerführer des 10. Jahrhunderts und eine Schlüsselfigur bei der Entdeckung und Besiedlung Grönlands. Seine Geschichte ist untrennbar mit der Ausdehnung der Wikinger in die nordatlantische Region verbunden und legte den Grundstein für die Wikingerpräsenz in Nordamerika, die von seinem Sohn, Leif Erikson, fortgesetzt wurde.

Die frühen Jahre und Verbannung

Erik wurde in Norwegen geboren, aber seine Familie musste das Land verlassen, nachdem sein Vater Thorvald wegen Mordes verbannt wurde. Die Familie zog nach Island, wo Erik aufwuchs und schließlich selbst in Konflikte verwickelt wurde, die ihn zur Verbannung aus Island zwangen. Diese Verbannung sollte sein Leben und die Geschicke seiner Nachkommen entscheidend beeinflussen.

Die Entdeckung Grönlands

Nach seiner Verbannung aus Island setzte Erik der Rote seine Reisen fort und entdeckte schließlich die Insel, die er später Grönland nannte. Die Bezeichnung "Grönland" war vermutlich ein Versuch, die Insel attraktiver erscheinen zu lassen, da sie größtenteils von Eis und Schnee bedeckt war. Er etablierte die erste Wikingersiedlung in Grönland und lud andere Siedler ein, ihm dorthin zu folgen.

Die Besiedlung Grönlands

Die Besiedlung Grönlands war eine erhebliche Leistung und ein Beweis für Eriks Entschlossenheit und Führungsqualitäten.
Unter seiner Führung wuchs die Siedlung, und die Wikinger begannen, Viehzucht und Landwirtschaft zu betreiben, um in der harschen Umgebung überleben zu können. Die Siedlung gedeihte über mehrere Generationen.

Der Einfluss auf die Nordamerika-Entdeckung

Eriks Sohn, Leif Erikson, wird oft als der erste Europäer angesehen, der Nordamerika erreichte. Leif Erikson und seine Wikingerexpedition erreichten die nordamerikanische Küste und gründeten Siedlungen in Vinland.

Dieser Erfolg war zum Teil Eriks Erbe zu verdanken, da er die Tradition der Erkundung und Besiedlung in seiner Familie etabliert hatte.

Eriks Erbe und Einfluss

Erik der Rote hatte einen enormen Einfluss auf die nordische Wikinger-Geschichte.
Seine Entdeckung und Besiedlung Grönlands ebneten den Weg für weitere Entdeckungsreisen in den nordatlantischen Raum und schufen die Grundlage für die Verbindung zwischen der Alten und der Neuen Welt. Seine Entschlossenheit und sein Führungsgeist sind in der nordischen Kultur und Geschichte weiterhin präsent.

Die historische Bedeutung

Die Geschichte von Erik der Rote ist ein beeindruckendes Beispiel für die Ausdauer und das Erkundungslust der Wikinger. Seine Entdeckung Grönlands und der Einfluss auf die Nordamerika-Entdeckung durch seinen Sohn machen ihn zu einer Schlüsselfigur in der Geschichte der Wikinger und der Erkundung der Welt.
Sein Erbe zeigt, wie mutige Abenteurer die Welt in vergangenen Zeiten erkundet haben.

Lagertha - Die furchtlose Schildmaid und Kriegerin der nordischen Wikinger-Geschichte:

Lagertha ist eine der bemerkenswertesten und legendärsten Figuren in der nordischen Wikinger-Geschichte. Sie ist eine der wenigen weiblichen Helden dieser Zeit und wird für ihre Tapferkeit, ihre Führungsqualitäten und ihre herausragenden Kriegerfähigkeiten geschätzt. Lagertha ist eine Schildmaid, eine Bezeichnung für eine weibliche Kriegerin in der Wikingerkultur, und ihre Geschichte ist von Abenteuern, Schlachten und einer unerschütterlichen Entschlossenheit geprägt.

Die Herkunft von Lagertha

Die genaue Herkunft von Lagertha ist Gegenstand von Spekulationen und kann in den verschiedenen nordischen Sagas unterschiedlich dargestellt werden. In der Sage von Ragnar Lodbrok wird sie als eine Bauerntochter beschrieben, die sich durch ihre Schönheit und ihre kämpferischen Fähigkeiten auszeichnete.

Die Schildmaid und ihre Taten

Lagertha wurde zur Schildmaid und Kriegerin ausgebildet und zeichnete sich durch ihre beeindruckenden Fertigkeiten im Kampf aus. Sie kämpfte an der Seite von König Ragnar Lodbrok und war in zahlreichen Schlachten und Eroberungszügen beteiligt. Ihr mutiges und furchtloses Verhalten auf dem Schlachtfeld machte sie zu einer respektierten Figur in der Wikingerkultur.

Die Ehe mit Ragnar Lodbrok

Lagertha heiratete den legendären Wikingerführer Ragnar Lodbrok und wurde eine bedeutende Partnerin in seiner Herrschaft. Gemeinsam hatten sie Kinder, darunter die berühmten Söhne Bjorn Eisenseite und Ivar der Knochenlose. Ihre Ehe war jedoch von Konflikten und Intrigen geprägt, und sie trennten sich später.

Die Führungsqualitäten und das Vermächtnis

Lagertha zeigte nicht nur Tapferkeit im Kampf, sondern auch beeindruckende Führungsqualitäten. Nach ihrer Trennung von Ragnar herrschte sie über ihr eigenes Reich und wurde als Königin oder Jarlin (eine weibliche Form von Jarl, einem Wikinger-Titel) respektiert.

Ihr Vermächtnis als starke und unabhängige Herrscherin lebt in den nordischen Legenden und Sagas fort.

Historische Kontroverse und moderne Darstellungen

Es ist wichtig zu beachten, dass die historische Genauigkeit der Geschichten über Lagertha in Frage gestellt wurde. Dennoch bleibt Lagertha eine faszinierende und inspirierende Figur, die in verschiedenen modernen Darstellungen in Literatur, Film und Fernsehen weiterlebt. Die Serie "Vikings" hat sie einer breiteren Öffentlichkeit bekannt gemacht.

Die Bedeutung von Lagertha

Lagertha steht als Symbol für die Stärke und Entschlossenheit der Wikingerfrauen und für die Tatsache, dass Frauen in dieser Gesellschaft eine bedeutende Rolle spielen konnten, sei es auf dem Schlachtfeld oder in der Politik. Ihr mutiges Erbe lebt in den Geschichten und Legenden der Wikinger weiter.

Gunnar Hamundarson - Der herausragende Krieger und Dichter der Njála-Saga

Gunnar Hamundarson ist eine der zentralen Figuren der Njála-Saga, einer der bekanntesten isländischen Sagas, die im 13. Jahrhundert verfasst wurde. Gunnar gilt als eine der beeindruckendsten und komplexesten Figuren in der Welt der nordischen Sagas und ist bekannt für seine herausragenden Fähigkeiten als Krieger und Dichter, sowie für die tragischen Konflikte, die sein Leben prägten.

Die Herkunft von Gunnar

Gunnar Hamundarson wurde im 10. Jahrhundert auf Island geboren. Seine Familie gehörte zu den führenden Sippen der Insel, und Gunnar wuchs in einer Umgebung auf, in der Ehre und Tapferkeit hoch geschätzt wurden. Bereits in jungen Jahren zeigte er eine außergewöhnliche Begabung im Umgang mit Waffen und im Dichten von Skaldenversen, was ihm den Beinamen "Hamundarson" einbrachte.

Die Tapferkeit und Kriegsführung

Gunnar war nicht nur ein begabter Dichter, sondern auch ein herausragender Krieger. Er zeichnete sich durch seine außergewöhnliche Tapferkeit im Kampf aus und nahm an zahlreichen Schlachten und Fehden teil. Seine bemerkenswerte Fähigkeit im Umgang mit Waffen und seine strategischen Fähigkeiten machten ihn zu einem gefürchteten Krieger.

Die Freundschaft und Konflikte

Gunnar hatte enge Freundschaften, aber auch tragische Konflikte, die sein Leben prägten. Eine seiner engsten Beziehungen war die Freundschaft mit seinem Blutsbruder Hallgerd, die jedoch durch Eifersucht und Missverständnisse zerbrach und zu einem tödlichen Konflikt führte. Diese Konflikte und Tragödien sind ein zentraler Bestandteil der Njála-Saga und machen Gunnars Geschichte so fesselnd.

Die Dichtkunst

Gunnar war nicht nur ein herausragender Krieger, sondern auch ein begabter Dichter.

Er verfasste Skaldenverse, die die Taten der Helden verherrlichten und die nordische Tradition der Dichtkunst weiterführten. Seine Dichtkunst trug zur Bewahrung und Überlieferung der Heldentaten und Geschichten der Wikinger bei.

Der tragische Tod

Das Leben von Gunnar endete tragisch. Nach zahlreichen Konflikten und blutigen Auseinandersetzungen wurde er von seinen Feinden umzingelt. Gunnar verteidigte sich mutig, aber am Ende wurde er von einer Übermacht besiegt und getötet. Sein Tod markierte das Ende einer Ära und wurde in der Njála-Saga als ein Wendepunkt in der Geschichte Islands dargestellt.

Das Vermächtnis von Gunnar Hamundarson

Sein Leben war geprägt von Tapferkeit, Dichtkunst und tragischen Konflikten. Seine Geschichte verdeutlicht die komplexen Beziehungen und Werte der Wikingerkultur, die in den Sagas detailliert beschrieben sind.

Grettir der Starke - Der Wikinger-Antiheld mit übermenschlicher Stärke

Grettir Ásmundarson, besser bekannt als Grettir der Starke, war eine faszinierende und ambivalente Figur in der nordischen Wikinger-Geschichte. Er wurde vor allem für seine beispiellose physische Stärke, seine unerschrockene Natur und sein impulsives Verhalten bekannt. Grettir wird oft als Wikinger-Antiheld betrachtet, da sein Leben von Abenteuern und Konflikten geprägt war, die sowohl Bewunderung als auch Verachtung hervorriefen.

Die Herkunft von Grettir

Grettir wurde im 10. Jahrhundert in Island geboren und wuchs in einer Zeit auf, in der die Wikingergesellschaft von Ehre, Tapferkeit und brutalen Konflikten geprägt war. Seine Familie gehörte nicht zu den angesehensten Clans, und sein Aufstieg zu Ruhm und Bekanntheit war vor allem auf seine beispiellose Stärke und seinen Mut zurückzuführen.

Die übermenschliche Stärke

Grettir zeichnete sich vor allem durch seine übermenschliche Stärke aus. Es wurde gesagt, dass er als Kind bereits außergewöhnlich stark war und im Laufe seines Lebens immer stärker wurde. Diese Kraft ermöglichte es ihm, erstaunliche physische Taten zu vollbringen und selbst gefährlichsten Gegnern zu trotzen.

Die Abenteuer und Konflikte

Grettirs Leben war von Abenteuern und Konflikten geprägt. Er wurde in zahlreiche Fehden und Konflikte verwickelt, die oft in Gewalt und Blutvergießen endeten. Eines seiner bekanntesten Abenteuer war der Kampf gegen den Geist des Geisterfjords, den er in einem isolierten Bauernhaus bekämpfte. Dieses Abenteuer machte ihn in ganz Island bekannt.

Der Bann und das Leben als Gesetzloser

Aufgrund seiner impulsiven und gewalttätigen Natur geriet Grettir oft in Konflikte mit den Gesetzen und der Gesellschaft.

Er wurde schließlich gebannt und lebte als Gesetzloser in den entlegenen Regionen Islands, wo er gegen Naturgewalten und Isolation kämpfte. Sein Leben als Geächteter führte zu vielen faszinierenden Geschichten über seinen Überlebenswillen und seine Heldentaten.

Der tragische Tod

Grettirs Leben endete tragisch. Nach Jahren des Banns und der Gesetzlosigkeit wurde er von einer Übermacht getötet, als er sich einer weiteren Konfrontation nicht entziehen konnte. Sein Tod markierte das Ende einer Ära, und seine Geschichte wurde in den Sagas und Liedern Islands verewigt.

Das Vermächtnis von Grettir der Starke

Grettir der Starke bleibt eine faszinierende und zwiespältige Figur in der nordischen Wikinger-Geschichte. Seine übermenschliche Stärke und sein impulsives Verhalten machen ihn zu einer einzigartigen Figur. Er wird oft als Wikinger-Antiheld betrachtet, der die ambivalente Natur der Wikingerkultur und die Komplexität menschlicher Charaktere in der damaligen Zeit verdeutlicht.

Hrolf Kraki - Der legendäre König und Krieger

Hrolf Kraki, auch bekannt als Hrolf der König, war eine herausragende Figur in der nordischen Mythologie und den Sagas. Er wird oft als König und Krieger gefeiert, der für seine Tapferkeit, Führungsqualitäten und herausragenden Taten bekannt war. Seine Geschichte ist von Abenteuern, Schlachten und tragischen Konflikten geprägt und macht ihn zu einer bedeutenden Figur in der nordischen Überlieferung.

Die Herkunft von Hrolf Kraki

Hrolf Kraki wurde im 6. Jahrhundert in Dänemark geboren. Er war der Sohn von König Helgi und Königin Yrsa, die in einer verworrenen und faszinierenden Geschichte eine zentrale Rolle spielten. Hrolf wurde von seinem Onkel Hjorvard aufgezogen und erhielt eine ausgezeichnete Ausbildung, die seine späteren Führungsqualitäten prägen sollte.

Die Tapferkeit und Kriegerfähigkeiten

Hrolf Kraki zeichnete sich frühzeitig durch seine Tapferkeit und herausragenden Kriegerfähigkeiten aus. Er wurde als ein talentierter Schwertkämpfer und Anführer gefeiert und gewann schnell die Bewunderung seiner Gefolgsleute. Seine Taten auf dem Schlachtfeld und sein Mut in gefährlichen Situationen brachten ihm den Beinamen "der König" ein.

Die Schlachten und Abenteuer

Hrolf Kraki führte zahlreiche Schlachten und Abenteuer an. Eine seiner bekanntesten Schlachten war die legendäre Schlacht von Brávellir gegen seinen Erzfeind Hjorvard und dessen Söhne. In dieser Schlacht zeigte Hrolf Kraki seine taktischen Fähigkeiten und führte seine Krieger zum Sieg.

Die Gefolgschaft und die Jomswikinger

Hrolf Kraki hatte eine treue Gefolgschaft von Kriegern, die als Jomswikinger bekannt waren. Diese Elitetruppe unterstützte ihn in seinen Feldzügen und Schlachten und trug zu seinem Ruf als großer König bei. Die Jomswikinger waren für ihre Loyalität und Disziplin bekannt.

Die Schlachten und Abenteuer

Hrolf Kraki führte zahlreiche Schlachten und Abenteuer an. Eine seiner bekanntesten Schlachten war die legendäre Schlacht von Brávellir gegen seinen Erzfeind Hjorvard und dessen Söhne. In dieser Schlacht zeigte Hrolf Kraki seine taktischen Fähigkeiten und führte seine Krieger zum Sieg.

Die Gefolgschaft und die Jomswikinger

Hrolf Kraki hatte eine treue Gefolgschaft von Kriegern, die als Jomswikinger bekannt waren. Diese Elitetruppe unterstützte ihn in seinen Feldzügen und Schlachten und trug zu seinem Ruf als großer König bei. Die Jomswikinger waren für ihre Loyalität und Disziplin bekannt.

Weitere Sagahelden und ihre Gemeinsamkeiten

Weitere Sagahelden und ihre Gemeinsamkeiten Sagahelden gibt es in verschiedenen Kulturen und Zeiträumen, und viele von ihnen teilen gemeinsame Merkmale:

- Außergewöhnliche Stärke und Fähigkeiten: Sagahelden zeichnen sich oft durch übermenschliche Stärke, Geschicklichkeit und Mut aus. Sie sind in der Lage, gefährliche Kreaturen zu besiegen und scheinbar unüberwindliche Hindernisse zu überwinden.

- Kampf gegen Ungeheuer und Drachen: Viele Sagahelden werden für ihren heroischen Kampf gegen Ungeheuer und Drachen bekannt. Diese Kämpfe symbolisieren oft den Sieg des Guten über das Böse.

- Treue und Ehre: Sagahelden sind in der Regel treu, ehrlich und ehrenvoll. Sie halten an ihren Prinzipien und Werten fest und kämpfen für das Gute und die Gerechtigkeit.

- Tragische Elemente: Viele Sagahelden erleben tragische Schicksale, die oft mit Verrat, Verlust und persönlichem Opfer verbunden sind. Diese Tragik verleiht ihren Geschichten Tiefe und Menschlichkeit.

- Kulturelle Bedeutung: Die Geschichten der Sagahelden haben eine tiefe kulturelle Bedeutung und dienen oft als Beispiele für Tugend und Heldentum. Sie beeinflussen Kunst, Literatur und kulturelle Werte.

Sagahelden sind zeitlose Figuren, die in verschiedenen Kulturen und Epochen verehrt werden.

Sie repräsentieren die menschliche Sehnsucht nach Mut, Ehre und Heldentum und dienen als Quelle der Inspiration für Generationen von Lesern und Zuhörern. Ihre Geschichten sind ein wichtiger Teil des literarischen und kulturellen Erbes der Menschheit.

Die Geschichte von Ragnarök und das Schicksal der Helden

Ragnarök, auch als "Götterdämmerung" bekannt, ist eines der eindrucksvollsten Ereignisse in der nordischen Mythologie. Diese apokalyptische Schlacht stellt das Ende der Götter und des alten Universums dar, während zugleich das Schicksal der Helden und die Wiedergeburt einer neuen Welt prophezeit wird. In diesem ausführlichen Überblick werden wir die Geschichte von Ragnarök und das Schicksal der Helden in der nordischen Mythologie erkunden.

Die Vorzeichen von Ragnarök

Die Prophezeiungen von Ragnarök sind in den mythologischen Texten der Edda, insbesondere in der "Völuspá", ausführlich beschrieben. Bevor Ragnarök eintritt, kündigen zahlreiche Vorzeichen das Ende der Welt an.

Zu diesen Zeichen gehören Naturkatastrophen wie Erdbeben und Tsunamis, die Freilassung von gefangenen Dämonen und die Verbreitung von Moralverfall und Chaos in der Welt.

Die Schlacht der Götter und Ungeheuer

Der Höhepunkt von Ragnarök ist die epische Schlacht zwischen den Göttern und den Ungeheuern. Die wichtigsten Akteure auf Seiten der Götter sind Odin, Thor und Freyr, während die Ungeheuer von Loki, dem Listenreichen, angeführt werden. In der Schlacht werden viele der nordischen Götter und Ungeheuer getötet, und die Welt selbst wird von Flammen und Fluten verschlungen.

Die Rolle der Helden in Ragnarök

Während Ragnarök den Untergang der Götter bedeutet, haben die Helden eine entscheidende Rolle in diesem apokalyptischen Szenario. Einer der bekanntesten Helden, der in der Schlacht eine wichtige Rolle spielt, ist der gefallene Krieger Baldur, der aus Helheim zurückkehrt, um an der Seite der Götter zu kämpfen. Ebenso ist Vidar, der Sohn von Odin, einer der Helden, der seinen Vater rächt, indem er den Wolf Fenrir tötet.

Das Schicksal der Götter und die Wiedergeburt der Welt

Die meisten nordischen Götter werden in der Schlacht von Ragnarök getötet. Odin wird von Fenrir verschlungen, Thor fällt im Kampf gegen die Midgardschlange, und Loki wird von Heimdall getötet. Diese Ereignisse markieren das Ende des alten Universums.

Dennoch prophezeiten die nordischen Mythen auch die Wiedergeburt der Welt. Nach Ragnarök wird eine neue Welt, bekannt als Idavoll, aus den Flammen entstehen. Die Überlebenden der Schlacht, darunter Baldur und Vidar, werden die Welt neu bevölkern und das Gleichgewicht zwischen Ordnung und Chaos wiederherstellen.

Das Schicksal der Helden und die Hoffnung auf eine bessere Welt

Die nordische Mythologie betont das Konzept des Schicksals und der Bestimmung. Die Helden, die in Ragnarök kämpfen und sterben, erfüllen ihre Bestimmung und tragen zur Wiederherstellung der Ordnung und des Gleichgewichts bei. Ihre Opfer symbolisieren die Bereitschaft, für das Gemeinwohl und die Bewahrung der Welt einzustehen.

Die Geschichte von Ragnarök und das Schicksal der Helden sind tief in der nordischen Kultur verwurzelt.

Sie lehren uns, dass selbst in den dunkelsten Stunden die Hoffnung auf eine bessere Zukunft lebendig bleibt. Die nordische Mythologie betont die Werte von Tapferkeit, Opfer und die Notwendigkeit, das Gleichgewicht in der Welt aufrechtzuerhalten.

Ragnarök mag das Ende der Götter bedeuten, aber es öffnet auch die Tür zu einer neuen Welt und einer neuen Ära, in der die Helden eine entscheidende Rolle spielen.

Heldentaten und Abenteuer

Die nordische Mythologie ist reich an faszinierenden Geschichten von Helden und ihren heldenhaften Taten. Diese Helden traten in den unterschiedlichsten Mythen und Legenden auf, und ihre Abenteuer tragen zur reichen kulturellen und mythologischen Erzähltradition der nordischen Welt bei. In diesem ausführlichen Überblick werden einige der herausragenden Heldentaten und Abenteuer in der nordischen Mythologie näher beleuchtet.

Die Abenteuer von Thor: Der Kampf gegen die Midgardschlange

In den glanzvollen Hallen von Asgard, der Heimat der nordischen Götter, verbreitete sich die Nachricht wie ein Donnerschlag. Die Midgardschlange, auch Jörmungandr genannt, die gewaltige Schlange, die die Welt umspannte und in den Tiefen des Ozeans lebte, war erwacht und bedrohte die Welten mit ihrem Zorn.

Das Ungeheuer wuchs stetig und hatte seinen gewaltigen Körper bereits um die Erde gewickelt. Ihr Atem brachte Sturm und Chaos, und die Götter wussten, dass sie handeln mussten.

Unter den Göttern war Thor, der Donnergott und Sohn von Odin, der mächtigste und unerschrockenste Krieger. Sein Hammer Mjölnir, geschmiedet von den Zwergen, war eine unüberwindliche Waffe, und sein Mut kannte keine Grenzen. Als die Nachricht von der drohenden Gefahr die Hallen von Asgard erreichte, zögerte Thor nicht. Er beschloss, sich der Herausforderung zu stellen und die Midgardschlange zu bekämpfen.

Mit seinem magischen Hammer in der Hand, begab sich Thor auf den Weg. Er bestieg ein kleines Fischerboot, das von einigen mutigen Menschen aus Midgard, der Welt der Menschen, gesteuert wurde. Die Reise führte Thor hinaus auf das offene Meer, in die tiefen Gewässer des Ozeans, wo die Midgardschlange ihr Unheil trieb.

Der Kampf gegen das gewaltige Ungeheuer begann. Die Schlange tauchte aus den Fluten auf, ihr schuppiger Körper ragte in die Höhe, und ihr Blick funkelte vor Wut. Mit einem mächtigen Wurf schleuderte Thor seinen Hammer Mjölnir auf das Ungeheuer. Ein gewaltiger Donnerschlag durchzog die Luft, und der Hammer traf sein Ziel mit tödlicher Präzision. Doch die Midgardschlange war ein würdiger Gegner, und der Kampf wogte hin und her.

Die Schlange umschlang Thors Boot und drohte, es zu verschlingen. Thor kämpfte mit wilder Entschlossenheit und schlug mit Mjölnir auf den Kopf des Ungeheuers ein.

Doch die Midgardschlange war geschickt und wendig, und sie setzte all ihre Kräfte ein, um Thor in die Tiefe zu ziehen.

In einem letzten verzweifelten Versuch, die Schlange zu besiegen, schleuderte Thor seinen Hammer ein letztes Mal. Der Hammer traf die Midgardschlange mit solcher Wucht, dass sie sich krümmte und sich ins Meer stürzte. Der Donnergott hatte triumphiert.

Doch der Sieg hatte seinen Preis. In den letzten Momenten des Kampfes spuckte die Midgardschlange ihr tödliches Gift aus, das Thor traf. Der Donnergott ging zu Boden, von Lähmung und Qualen geplagt. Seine mutigen Begleiter, die Menschen, eilten zu seiner Rettung und brachten ihn zurück nach Asgard.

Der Sieg über die Midgardschlange war teuer erkauft, denn Thors Körper war von dem Gift geschwächt.

Doch die Götter und Menschen verehrten Thor für seine Tapferkeit und Opferbereitschaft. Die Welten waren vor der Bedrohung der Midgardschlange gerettet, und Thor wurde als Held und Beschützer gefeiert.

Die Abenteuer von Thor:
Der Kampf gegen den Weltenwolf Fenrir

In den majestätischen Hallen von Asgard, der Heimat der nordischen Götter, wurde ein schattenhafter Schrecken geboren. Fenrir, der Weltenwolf, ein gewaltiges Ungeheuer, das seit seiner Geburt im Besitz der Götter war, wuchs stetig heran und brach seine Fesseln. Die Götter erkannten die drohende Gefahr und die Bedrohung, die von diesem mächtigen Wesen ausging. Ein düsteres Omen erfüllte die Hallen von Asgard, und die Götter wussten, dass sie handeln mussten.

Unter den Göttern war Thor, der Donnergott und mächtigste Krieger, der keine Furcht kannte. Sein Hammer Mjölnir, geschmiedet von den Zwergen, war eine unbesiegbare Waffe, und sein Mut kannte keine Grenzen. Als die Götter von Fenrirs Flucht erfuhren, ergriff Thor die Initiative und schwor, den Weltenwolf zu besiegen.

Der Weltenwolf hatte sich bereits einen Platz in den Mythen der Götter erobert. Er war von den Göttern gefangen gehalten worden, da sie seine gewaltige Kraft und Bedrohung erkannt hatten. Doch nun war er frei und größer und gefährlicher als je zuvor.

Thor begab sich auf die gefährliche Reise zu dem Ort, an dem Fenrir lauerte. Die Wälder von Jotunheim, der Heimat der Riesen, waren dunkel und unheimlich. In der Ferne hörte er das furchterregende Heulen des Wolfs, das die Erde erzittern ließ. Doch Thors Entschlossenheit wankte nicht.

Der Weltenwolf erschien vor ihm, seine gewaltige Gestalt ragte über den Himmel. Seine Augen funkelten vor Wut, und seine Klauen waren scharf wie Schwerter. Der Kampf begann, und die Erde bebte unter den mächtigen Schlägen der beiden Krieger.

Thor schlug mit seinem Hammer Mjölnir zu, und der Donner grollte über das Land. Doch Fenrir war ein übermächtiger Gegner, und der Kampf wogte hin und her. Der Weltenwolf biss nach Thor, und sein mächtiges Maul drohte, den Donnergott zu verschlingen.

In diesem kritischen Moment, als der Weltenwolf Thor zu besiegen schien, offenbarte sich die wahre Stärke des Donnergottes. In einem verzweifelten Akt der Entschlossenheit und Tapferkeit griff er nach Mjölnir, seinem mächtigen Hammer, der in der Hand eines würdigen Kriegers unbezwingbar war.

Mit einem mächtigen Schlag durchbohrte Thor den Weltenwolf Fenrir und fesselte ihn mit unzerstörbaren Ketten. Der Weltenwolf brüllte vor Schmerz und Wut, aber er konnte sich nicht befreien. Der Donnergott hatte gesiegt.

Der Sieg über den Weltenwolf war ein Triumph für die Götter und für Thor. Die Welten waren vor der Bedrohung des mächtigen Ungeheuers gerettet. Die Götter und Menschen feierten Thor als Helden und Beschützer.

***Der Raub von Iduns Äpfeln:
Die Taten von Loki und den Riesen***

In den Tagen der nordischen Götter, in der majestätischen Halle von Asgard, florierte die Jugend und Schönheit der Götter dank der magischen Äpfel von Idun. Diese wunderbaren Früchte, von der Göttin Idun gehütet, bewahrten die Jugend und Vitalität der Götter und gaben ihnen die Kraft, die Welten zu schützen.

Doch wie es oft in den Geschichten der Götterwelt geschah, ereignete sich eine schicksalhafte Wendung. Eines Tages, als die Götter sich in Asgard versammelten, näherte sich Loki, der Listenreiche, mit einem finsteren Plan in seinem Herzen. Loki war schon immer für seine Streiche und Schalkhaftigkeit bekannt, doch diesmal sollte sein Tun fatale Konsequenzen haben.

Der Trickster, der Loki war, hatte von den Riesen des frostigen Jotunheims gehört, die von Iduns Äpfeln und ihrer magischen Wirkung erfahren hatten.

Die Riesen sehnten sich nach Jugend und Schönheit, und so schmiedeten sie einen finsteren Plan, um sich Iduns Äpfel anzueignen.

Loki, in seiner unendlichen Neugier und seinem unberechenbaren Wesen, sah eine Gelegenheit, Unheil zu stiften und Abenteuer zu erleben.

In einem Akt hinterlistiger Täuschung gelang es Loki, Idun zu überreden, mit ihm die Sicherheit von Asgard zu verlassen. Unter dem Vorwand, ihr neue und magische Äpfel zu zeigen, lockte er sie aus der Stadt und in die gefrorenen Lande von Jotunheim. Dort angekommen, offenbarten die Riesen ihre wahren Absichten und entführten Idun sowie die kostbaren Äpfel.

In Asgard brach Chaos aus, als die Götter begannen, rapide zu altern und ihre Kräfte schwanden. Der Verlust der Jugend und Vitalität war eine ernsthafte Bedrohung für die Existenz der Götter und die Sicherheit der Welten. Die Götter, angeführt von Odin und Thor, waren verzweifelt und mussten handeln, um ihre Macht und Schönheit wiederzuerlangen.

Loki, der Drahtzieher des Dramas, wurde gezwungen, seine Tat zu bereuen und Idun sowie die Äpfel zurückzubringen. In einer atemberaubenden Abenteuerreise durch die frostigen Lande von Jotunheim gelang es Loki, Idun und die Äpfel zu befreien und nach Asgard zurückzukehren.

Die Götter, die fast am Rande der Schwäche waren, wurden durch Iduns Äpfel wieder belebt, und ihre Jugend und Schönheit kehrten zurück. Doch Loki hatte das Gleichgewicht der Welt gestört und das Vertrauen der Götter erschüttert. Seine Tat hatte gezeigt, dass selbst die Götter nicht vor Verrat und List gefeit waren.

Der Raub von Iduns Äpfeln ist eine Geschichte, die die Bedeutung von Jugend und Schönheit für die Götter betont und zeigt, wie leicht das Gleichgewicht in der Welt gestört werden kann.

Loki, der Trickster, mag für seine Streiche bekannt sein, aber er kann auch dazu beitragen, das Gleichgewicht wiederherzustellen, wenn die Welt in Gefahr ist.

Die Reisen von Freyja und ihr Opfer für die Macht der Runen

In den mystischen Landen der nordischen Welt gab es keine Göttin, die so schön und mächtig war wie Freyja, die Göttin der Liebe und Schönheit. Doch Freyja besaß eine besondere Gabe, die weit über ihre Schönheit hinausging – sie beherrschte die Macht der Runen, geheimnisvolle Zeichen und Symbole, die das Schicksal der Welten beeinflussen konnten.

Freyja verließ oft die Hallen von Asgard, um die Welten zu bereisen und das Wissen über die Runen zu erweitern. Sie durchstreifte die Wälder von Midgard, sprach mit den Geistern der Bäume und lernte von den uralten Runenmeistern. Ihre Reisen führten sie in die tiefsten Wälder und zu den geheimnisvollsten Quellen, wo sie die Macht der Runen weiterentwickelte.

Eines Tages hörte Freyja von einer Quelle in Jotunheim, der Heimat der Riesen, die das Wissen um die mächtigsten Runen enthielt.

Die Riesen, die über die Quelle wachten, verlangten jedoch ein gewaltiges Opfer, bevor sie das Wissen preisgeben würden.

Sie verlangten das kostbarste Gut, das Freyja besaß – ihre einzigartige Halskette Brisingamen, die von den Zwergen gefertigt worden war und die Strahlen der Sonne und des Mondes einfing.

Freyja, die die Bedeutung der Runen für das Schicksal der Welten erkannte, zögerte nicht und machte sich auf den Weg nach Jotunheim. Dort angekommen, verhandelte sie mit den Riesen und stimmte schließlich zu, Brisingamen als Opfer zu hinterlegen. Die Riesen gewährten ihr Eintritt zur Quelle und lehrten sie die mächtigsten Runen, die die Welten je gesehen hatten.

Freyja kehrte nach Asgard zurück, ihr Herz schwer vor Trauer um den Verlust ihrer kostbaren Halskette. Doch sie trug nun das Wissen um die mächtigen Runen bei sich. Mit ihrer neu gewonnenen Macht konnte sie das Schicksal der Götter und Menschen beeinflussen und die Welten schützen.

Die Opfer, die Freyja für die Macht der Runen brachte, waren groß, doch sie erinnerte daran, dass die Verantwortung der Götter darin bestand, die Welten zu schützen und das Gleichgewicht zu bewahren. Freyja wurde als die Hüterin der Runen verehrt, und ihr Opfer wurde in den Hallen von Asgard und in den Herzen der Menschen geehrt.

Die Heldentaten von Siegfried in der Nibelungensage

In den dunklen Wäldern des deutschen Landes lebte ein Held von unvergleichlicher Tapferkeit und Entschlossenheit. Sein Name war Siegfried, und seine Taten sollten in den Annalen der nordischen Heldensagen für alle Zeiten verewigt werden.

Siegfried wurde von seinem Vater, König Siegmund, aufgezogen, um ein großer Krieger zu werden. Sein Schicksal wurde jedoch in jungen Jahren von einem magischen Ereignis besiegelt. Während er den Drachen Fafnir bekämpfte, badete Siegfried in dessen Blut, was ihm Unverwundbarkeit verlieh, außer an einer kleinen Stelle auf seinem Rücken, die während des Bades von einem Lindenblatt bedeckt wurde.

Bewaffnet mit seinem mächtigen Schwert Balmung, das er von den Nibelungen erbeutet hatte, und begleitet von seinem treuen Gefährten, dem Zwerg Mime, machte sich Siegfried auf, um Abenteuer zu bestehen. Eines seiner größten Abenteuer war die Rettung der schönen Prinzessin Kriemhild, die von dem furchtbaren Drachen Fafnir entführt worden war.

Siegfried erreichte das Drachenverlies und stand dem gewaltigen Ungeheuer gegenüber. Mit mutigem Herzen und kraftvollen Schlägen seines Schwertes Balmung besiegte er den Drachen und eroberte den riesigen Schatz des Fafnir. Doch der Schatz brachte auch Neid und Gier in die Herzen der Menschen, und Siegfried wurde in ein Netz von Intrigen und Verrat verstrickt.

In den Hallen von Worms, dem Königssitz der Burgunder, heiratete Siegfried Kriemhild und wurde ein angesehener Held.

Doch die Intrigen der Burgunder und die Gier nach dem Schatz des Fafnir sollten sein Schicksal besiegeln.

Siegfrieds Ende kam auf hinterhältige Weise. Er wurde von einem Verwandten in Worms verraten und hinterrücks ermordet. Sein Tod stürzte Kriemhild in tiefste Trauer und Rache. Jahre später sollte sie das Vermächtnis von Siegfried in der Nibelungensage fortsetzen.

Beowulf und der Kampf gegen Grendel und den Drachen

In den düsteren Wäldern des Königreichs Geatland lebte ein Held von beeindruckender Größe und Stärke. Sein Name war Beowulf, und sein Ruhm sollte sich über die Grenzen seines Königreichs hinaus verbreiten. Beowulf war kein gewöhnlicher Krieger, sondern ein Mann von außergewöhnlicher Tapferkeit und Entschlossenheit.

Die Nachricht von einem schrecklichen Ungeheuer namens Grendel, das das Königreich der Dänen heimsuchte, erreichte Beowulf. Das Ungeheuer hatte die Halle des dänischen Königs Hrothgar in Angst und Schrecken versetzt. Grendel kam in der Nacht und verschlang die Krieger im Schlaf, wobei kein Schwert oder Schild ihm etwas anhaben konnte.

Beowulf fühlte, dass seine Bestimmung darin lag, gegen dieses Ungeheuer anzutreten.

Er versammelte eine Gruppe tapferer Krieger und segelte nach Dänemark. In der Halle von König Hrothgar, die von Trauer und Furcht erfüllt war, versprach Beowulf, Grendel zu besiegen und das Königreich von diesem Schrecken zu befreien.

Die Nacht brach an, und Beowulf und seine Krieger warteten geduldig in der Halle, als Grendel auftauchte. Das Ungeheuer griff an, doch Beowulf wehrte sich mit aller Macht. Ein erbitterter Kampf entbrannte, und Beowulf schaffte es schließlich, Grendel die Hand abzutrennen, wodurch das Ungeheuer vor Schmerz floh.

Der Sieg über Grendel brachte Beowulf und seinen Kriegern Ruhm und Ehre, doch die Geschichte sollte noch nicht enden. Grendels Mutter, eine ebenso furchterregende Kreatur, rächte den Tod ihres Sohnes und griff die Krieger an. Beowulf folgte ihr in ihren dunklen Unterschlupf unter einem See und führte einen epischen Kampf gegen sie. Schließlich gelang es ihm, auch sie zu besiegen.

Jahre vergingen, und Beowulf wurde zum König von Geatland gekrönt. Doch sein letztes Abenteuer sollte sein größtes sein. Ein gewaltiger Drache bedrohte sein Königreich und stürzte die Menschen in Angst und Verzweiflung. Beowulf, obwohl gealtert und von vergangenen Kämpfen gezeichnet, zögerte nicht. Er versammelte seine Krieger und stellte sich dem Drachen in einem epischen Kampf.

Der Kampf war erbarmungslos, und Beowulf wurde schwer verwundet. Doch mit letzter Kraft gelang es ihm, den Drachen zu besiegen. Doch sein eigener Preis war hoch. Beowulf starb an seinen Verletzungen, aber sein Mut und seine Tapferkeit wurden für alle Zeiten gefeiert.

Das Schicksal der Helden und ihr Erbe

Die nordische Mythologie ist geprägt von Helden und ihren heldenhaften Taten. Diese Abenteuer reichen von epischen Kämpfen gegen Ungeheuer und Drachen bis hin zu raffinierten Listen und Opfern, um Macht und Wissen zu erlangen. Die nordischen Helden sind Symbolfiguren für Tugend, Tapferkeit und Entschlossenheit.

Die meisten nordischen Helden erleben tragische Schicksale und treten in Konflikt mit den Kräften des Bösen und des Schicksals. Dennoch tragen ihre Taten zur Erhaltung der Weltordnung und zur Verkörperung der nordischen Werte bei. Die Geschichten der Helden sind ein wichtiger Teil des kulturellen Erbes der nordischen Welt und haben einen tiefgreifenden Einfluss auf die Literatur und die Vorstellungskraft der Menschen bis heute.

Kapitel 4: Die Schöpfungsmythen und Kosmologie

Die Erschaffung der Welt aus dem Chaos

Die Vorstellung, dass die Welt aus dem Chaos geboren wurde, ist ein wiederkehrendes Thema in verschiedenen Mythologien weltweit. In diesem ausführlichen Überblick werden wir die Konzepte und Geschichten der Erschaffung der Welt aus dem Chaos in verschiedenen mythologischen Traditionen untersuchen und die Gemeinsamkeiten und Unterschiede dieser Erzählungen herausarbeiten.

Das Chaos als Urzustand der Welt

In vielen Mythologien repräsentiert das Chaos den Urzustand der Welt, bevor die Ordnung und Struktur geschaffen wurden. Dieses Chaos wird oft als unendliche, undifferenzierte Leere beschrieben, in der keine festen Formen oder Gesetze existieren. Es ist ein Raum der Möglichkeiten und Potenziale, aber auch der Instabilität und Unvorhersehbarkeit.

Die Schöpfungsgeschichte der ägyptischen Mythologie

In der ägyptischen Mythologie gibt es eine bemerkenswerte Schöpfungsgeschichte, die die Erschaffung der Welt aus dem Chaos beschreibt. Laut dieser Erzählung entstand die Welt aus dem Urmeer des Chaos, auch als Nun bekannt. Der Sonnengott Ra wurde geboren und schuf das Land und die Menschen aus dem ursprünglichen Chaos.
Diese Geschichte betont die Macht der Sonne als Symbol für Ordnung und Leben, die aus dem chaotischen Urzustand hervorgeht.

Die nordische Schöpfungsgeschichte: Ginnungagap und Yggdrasil

In der nordischen Mythologie gibt es eine einzigartige Schöpfungsgeschichte, die Ginnungagap und Yggdrasil umfasst. Ginnungagap repräsentiert den Urzustand des Nichts oder des Chaos, während Yggdrasil, der Weltenbaum, die Welt trägt und verbindet. Die nordischen Götter, darunter Odin, Vili und Ve, formten die Welt aus dem Chaos und setzten die Ordnung in Gang. Diese Schöpfungsgeschichte betont die Bedeutung der Dualität von Chaos und Ordnung in der nordischen Mythologie.

Die griechische Schöpfungsgeschichte: Chaos, Gaia und Uranos

In der griechischen Mythologie spielt das Chaos ebenfalls eine wichtige Rolle in der Schöpfungsgeschichte. Chaos war der erste Zustand der Welt, gefolgt von Gaia (die Erde), Tartaros (die Unterwelt) und Eros (die Liebe). Aus Gaia und Uranos (dem Himmel) wurden die Titanen und die Götter des Olymp geboren, und sie setzten die Schaffung der Welt fort. Diese Erzählung betont die Verbindung von Himmel und Erde als grundlegend für die Entstehung des Kosmos.

Die Gemeinsamkeiten und Botschaften

Obwohl die Details und Figuren in den Schöpfungsgeschichten unterschiedlich sind, teilen sie einige Gemeinsamkeiten und vermitteln wichtige Botschaften:

1. *Dualität von Chaos und Ordnung*: Die Vorstellung, dass die Welt aus dem Chaos geboren wurde, betont die Dualität von Chaos und Ordnung und die Notwendigkeit, eine Ordnung aus dem Chaos zu schaffen.

2. *Schöpfung durch göttliche Kräfte*: In den meisten Schöpfungsgeschichten sind göttliche Wesen oder Kräfte für die Erschaffung der Welt verantwortlich. Dies betont die Überzeugung, dass die Welt von einer höheren Macht oder Intelligenz geformt wurde.

3. *Symbolik von Licht und Dunkelheit*: Oft wird das Chaos als dunkel und unstrukturiert dargestellt, während die Schöpfung mit Licht und Ordnung in Verbindung gebracht wird. Dies symbolisiert den Übergang von der Unwissenheit zur Erkenntnis und Weisheit.

4. *Die Bedeutung des Ursprungs*: Die Schöpfungsgeschichten betonen den Ursprung von allem und die Frage nach der Herkunft und dem Zweck des Lebens.

Die kulturelle und philosophische Bedeutung

Die Vorstellung, dass die Welt aus dem Chaos entstand, hat nicht nur kulturelle, sondern auch philosophische Bedeutung. Sie regt dazu an, über die Ursprünge und die Natur der Welt nachzudenken, und hat die menschliche Vorstellungskraft und Kreativität inspiriert. Diese Schöpfungsgeschichten haben die Grundlage für viele kulturelle und religiöse Überzeugungen gelegt und sind ein Schlüsselthema in der Mythologie und Philosophie der Menschheit. Sie laden dazu ein, über die Natur der Realität, die menschliche Existenz und das Mysterium der Schöpfung nachzudenken.

Die Bedeutung von Yggdrasil, dem Weltenbaum

Yggdrasil, der Weltenbaum, ist eines der faszinierendsten und symbolträchtigsten Elemente in der nordischen Mythologie. Als zentraler Bestandteil des nordischen Kosmos verkörpert Yggdrasil eine tiefgreifende symbolische Bedeutung. In diesem ausführlichen Überblick werden wir die Bedeutung von Yggdrasil und seine Rolle in der nordischen Mythologie erkunden.

Die kosmische Struktur von Yggdrasil

Yggdrasil ist der riesige Weltenbaum, der die neun Welten der nordischen Mythologie miteinander verbindet. Er erstreckt sich von der Unterwelt Hel bis zum Götterreich Asgard und reicht durch Midgard, die Welt der Menschen.
Seine Wurzeln erstrecken sich in die drei verschiedenen Reiche, und seine Äste erstrecken sich in alle Richtungen des Universums.

Die neun Welten und ihre Verbindung

Yggdrasil verbindet die neun Welten, die in der nordischen Mythologie existieren. Dazu gehören Asgard, der Ort der Götter, Midgard, die Welt der Menschen, sowie Welten wie Jotunheim, die Heimat der Riesen, und Svartalfheim, das Reich der Zwerge. Diese Verbindung unterstreicht die enge Beziehung zwischen den verschiedenen Ebenen des Universums und betont die Vorstellung, dass alles miteinander verwoben ist.

Die Verbindung zwischen Himmel und Erde

Yggdrasil dient als Symbol für die Verbindung zwischen Himmel und Erde.
Seine Wurzeln in Hel und Jotunheim symbolisieren die Verbindung zur Unterwelt und den Riesen, während seine Äste Asgard und Midgard erreichen und damit den Himmel und die Menschenwelt repräsentieren. Dieses Konzept betont die Vorstellung, dass die Götter, Menschen und anderen Wesen in einer gemeinsamen Welt existieren und miteinander interagieren.

Die Quelle des Wissens: Urdarbrunnr und Mímir's Brunnen

Yggdrasil trägt auch zwei wichtige Brunnen: Urdarbrunnr und Mímir's Brunnen. Urdarbrunnr ist der Brunnen des Schicksals und repräsentiert die Vergangenheit, während Mímir's Brunnen die Weisheit und das Wissen symbolisiert. Diese Brunnen sind die Quellen des Schicksals und der Weisheit und unterstreichen die Bedeutung von Yggdrasil als kosmische Ordnung.

Die Opfer an Yggdrasil

In der nordischen Mythologie gab es regelmäßige Opfer an Yggdrasil. Die Götter gaben sich selbst geopfertes Blut, um Yggdrasil zu stärken und seine Lebenskraft zu erhalten. Dies zeigt die Hingabe der Götter an die Erhaltung der Weltordnung und die Verbindung zwischen den Göttern und dem Weltenbaum.

Die Bedeutung für die nordische Kultur

Yggdrasil hat nicht nur eine symbolische Bedeutung, sondern spielt auch eine wichtige Rolle in der nordischen Kultur.

Der Weltenbaum ist ein zentrales Element in den Geschichten, Kunstwerken und Symbolen der nordischen Menschen. Er verkörpert die tiefe Verbindung der Nordmänner zur Natur und zur kosmischen Ordnung.

Die universelle Bedeutung

Die Bedeutung von Yggdrasil reicht über die nordische Mythologie hinaus. Der Weltenbaum symbolisiert die Idee der kosmischen Ordnung und die Verbindung aller Dinge im Universum. Diese universelle Bedeutung hat dazu geführt, dass Yggdrasil ein Symbol für die Wertschätzung der Natur, die Suche nach Weisheit und die Vorstellung von Zusammengehörigkeit und Verbundenheit geworden ist.

Er steht für die enge Verbindung zwischen den neun Welten, die kosmische Ordnung und die Suche nach Weisheit und Erkenntnis. Yggdrasil ist ein Symbol für die tief verwurzelte Spiritualität und Weltanschauung der nordischen Kultur und bietet eine inspirierende Botschaft der Verbundenheit und des Gleichgewichts im Universum.

Das Gleichgewicht zwischen Ordnung und Chaos

In der nordischen Mythologie und der Welt der Wikinger spielte das Gleichgewicht zwischen Ordnung und Chaos eine entscheidende Rolle. Dieses Gleichgewicht war von zentraler Bedeutung für das Verständnis der kosmischen Struktur und das Schicksal der Welten.

Die Schöpfungsgeschichte: Ginnungagap und Yggdrasil

Die nordische Mythologie beginnt mit der Schöpfungsgeschichte, in der es zunächst nur Ginnungagap gab, einen leeren Raum, der von eisiger Kälte und loderndem Feuer umgeben war. Aus diesem Chaos heraus entstanden die ersten Götter und die neun Welten. Die Götter, angeführt von Odin, verkörperten die Ordnung, während die Riesen und Ungeheuer das Chaos repräsentierten.

Die neun Welten und ihre Ordnung

Die neun Welten, darunter Asgard (die Welt der Götter), Midgard (die Welt der Menschen), und Jotunheim (die Welt der Riesen), waren in einem komplexen Geflecht miteinander verbunden. Yggdrasil, der Weltenbaum, stand in der Mitte und hielt die Welten zusammen. Dieser Baum symbolisierte das Gleichgewicht und die Verbindung zwischen den Welten. Die Götter beobachteten und lenkten die Geschicke der Menschen, während die Riesen und Ungeheuer das Chaos in den Welten verkörperten.

Die Bedeutung von Ordnung

Die nordischen Götter, insbesondere Odin, repräsentierten die Ordnung und das Streben nach Weisheit. Odin, der Allvater, suchte nach Wissen und Opfer, um die Ordnung in den Welten aufrechtzuerhalten. Die Götter führten die Menschen und schützten sie vor den Bedrohungen des Chaos.

Die Bedeutung von Chaos

Die Riesen und Ungeheuer, allen voran Loki, symbolisierten das Chaos und die Störungen in den Welten. Loki, der Listenreiche, war sowohl Freund als auch Feind der Götter.

Seine Taten konnten das Gleichgewicht stören und die Götter herausfordern.

Das Gleichgewicht in Gefahr: Ragnarök

Das Gleichgewicht zwischen Ordnung und Chaos geriet in der Prophezeiung von Ragnarök, der Götterdämmerung, in Gefahr. In dieser letzten Schlacht sollten die Götter und Helden gegen die Kräfte des Chaos kämpfen. Das Ende der Welt schien unvermeidlich.

Die Erneuerung der Welt

Trotz des drohenden Untergangs wurde in der nordischen Mythologie betont, dass nach Ragnarök eine neue Welt entstehen würde. Das Gleichgewicht würde wiederhergestellt, und die Welten würden erneut gedeihen.

Die Bedeutung für die Menschen

Die Idee des Gleichgewichts zwischen Ordnung und Chaos war nicht nur ein mythologisches Konzept, sondern auch ein Leitprinzip für das Leben der nordischen Menschen. Sie erkannten, dass sowohl Ordnung als auch Chaos notwendig waren, um ein erfülltes Leben und eine funktionierende Gesellschaft zu gewährleisten.

Kapitel 5:

Die Mythen und Legenden

Die Entstehung der Zwerge und Elfen

Die nordische Mythologie ist reich an faszinierenden Wesen, darunter Zwerge und Elfen, die eine wichtige Rolle in der kosmischen Ordnung und den Legenden der Nordmänner spielen. Die Entstehung dieser Wesen ist ebenso geheimnisvoll wie ihre Geschichten.

Die Entstehung der Zwerge

In der nordischen Mythologie gab es nicht nur Götter und Riesen, sondern auch Zwerge, die eine wichtige Rolle in der Schöpfungsgeschichte und den Mythen der nordischen Welt spielten.
Die Entstehung der Zwerge ist ein faszinierender Aspekt dieser Mythologie.

Der Ursprung der Zwerge

Die Zwerge wurden nicht wie die Menschen oder die Götter aus Ginnungagap, dem Urchaos, erschaffen. Stattdessen entstanden sie aus dem Fleisch des Riesen Ymir, dem ersten Wesen in der nordischen Schöpfungsgeschichte. Ymir wurde von den Göttern getötet, und aus seinem Körper formten sie die Erde, den Himmel und die Zwerge.

Die Schmiedezwerge: Brokk und Sindri

Die bekanntesten Zwerge in der nordischen Mythologie waren die Schmiedezwerge Brokk und Sindri. Diese Zwerge waren Meister des Handwerks und schufen einige der mächtigsten Artefakte in der nordischen Welt.

Ihr Schmiedetalent war so außergewöhnlich, dass sie sogar die Götter beeindruckten.

Die Schaffung von Mjölnir und anderen Artefakten

Eines der berühmtesten Werke von Brokk und Sindri war der Hammer Mjölnir, den sie für den Donnergott Thor schmiedeten.
Dieser Hammer war nicht nur ein mächtiges Waffenwerkzeug, sondern auch ein Symbol für die Macht und Stärke Thors.
Die Zwerge schufen auch andere Artefakte, darunter den magischen Ring Draupnir, den goldenen Eber Gullinbursti und den goldenen Haarschopf Sif, der Sif zu wiederherstellen, nachdem Loki ihr die Haare abgeschnitten hatte.

Die Natur der Zwerge

Die Zwerge wurden oft als kleine, bärtige Wesen dargestellt, die unter der Erde in ihren Höhlen lebten. Sie waren geschickte Handwerker und Bergleute, die nach den Schätzen der Erde suchten.

Die nordischen Mythen zeichneten ein vielfältiges Bild der Zwerge. Sie waren nicht nur Schmiede, sondern auch Geschichtenerzähler und Wissenshüter.

Einige Zwerge wurden als freundlich und hilfsbereit dargestellt, während andere als listig und gefährlich galten.

Die Bedeutung der Zwerge

Die Zwerge in der nordischen Mythologie repräsentierten die Verbindung zwischen der Welt der Menschen und der Welt der Götter. Sie waren die Handwerker und Schöpfer von Artefakten, die die Kräfte der Götter und Helden verstärkten.

Ihre Geschichten und Legenden trugen zur reichen Kultur der nordischen Welt bei und zeigten, dass Schönheit und Macht aus unerwarteten Quellen entspringen können.

Die Entstehung der Zwerge ist ein weiteres faszinierendes Element in der reichen Welt der nordischen Mythologie und verdeutlicht die Tiefe und Komplexität dieser alten Geschichten.

Die Entstehung der Elfen

In der nordischen Mythologie gibt es verschiedene Arten von übernatürlichen Wesen, darunter Götter, Riesen, Zwerge und Elfen. Die Entstehung der Elfen ist ein mysteriöses und faszinierendes Thema in dieser alten Erzähltradition. Die Elfen, auch als Ljósálfar oder Lichtalben bekannt, gelten als wunderschöne, geheimnisvolle Wesen, die in einer Welt des Lichts und der Reinheit existieren.

Die Ursprünge der Elfen

Die genaue Entstehung der Elfen ist in der nordischen Mythologie nicht eindeutig beschrieben. Es gibt jedoch verschiedene Theorien und Überlieferungen, die Aufschluss darüber geben, wie die Elfen entstanden sein könnten.
Eine gängige Vorstellung ist, dass die Elfen von der Gottheit Freyr, dem Gott der Fruchtbarkeit, erschaffen wurden. Freyr war für seine starke Verbindung zur Natur und zur Erde bekannt.

Es wird angenommen, dass er die Elfen als Beschützer der Natur und Hüter des Waldes schuf. Dieses Bild von Freyr als Schöpfer der Elfen spiegelt die enge Verbindung zwischen der nordischen Mythologie und der Natur wider.

Eine andere Theorie besagt, dass die Elfen ursprünglich die Seelen der Verstorbenen waren, die eine besonders starke Verbindung zur Natur und zur spirituellen Welt hatten. Diese Seelen wurden zu den Lichtalben und fanden ihren Platz in einer anderen Ebene der Realität, in der sie die Harmonie der Natur aufrechterhielten.

Die Merkmale der Elfen

Die Elfen wurden als außergewöhnlich schöne und elegante Wesen beschrieben, die in einer Welt des Lichts und der Reinheit lebten. Sie galten als Wächter der Natur und als Vermittler zwischen den Menschen und den Göttern. Die Elfen wurden oft mit magischen Fähigkeiten und einem tiefen Verständnis für die Natur assoziiert. Sie waren in der Lage, die Geheimnisse der Pflanzen, Tiere und des Kosmos zu verstehen. Die Elfen wurden oft als gute und hilfreiche Wesen dargestellt, die den Menschen in Zeiten der Not beistanden. Sie wurden auch als inspirierende Quelle für Dichter und Künstler angesehen, die von ihrer Schönheit und Eleganz inspiriert wurden.

Die Verbindung zu den Göttern und Menschen

Die Elfen waren eng mit den Göttern und Menschen verbunden. Sie dienten den Göttern als Boten und Berater und halfen den Menschen bei der Bewahrung des ökologischen Gleichgewichts. In einigen Geschichten hatten die Götter sogar romantische Beziehungen zu Elfen, was die Verbindung zwischen den beiden Welten verstärkte.

Die Bedeutung der Elfen

Die Elfen spielten in der nordischen Mythologie eine wichtige Rolle bei der Aufrechterhaltung des Gleichgewichts in der Welt. Sie repräsentierten die Harmonie zwischen Natur und übernatürlichen Kräften. Die Vorstellung von den Elfen erinnert uns daran, wie die nordischen Menschen die Schönheit und die spirituelle Dimension der Natur wahrnahmen und respektierten.

Die Geschichte von Fenrir, dem Wolf

In der nordischen Mythologie ist Fenrir, auch bekannt als Fenriswolf, eine bedeutende Figur, die in vielen Mythen und Prophezeiungen vorkommt. Er ist der Sohn des Gottes Loki und der Riesin Angrboða und spielt eine entscheidende Rolle in der Götterdämmerung, auch als Ragnarök bekannt. Die Geschichte von Fenrir ist geprägt von Prophezeiungen, Verrat und der unvermeidlichen Konfrontation mit den Göttern.

Die Geburt von Fenrir

Die Geschichte von Fenrir beginnt mit seiner Geburt. Seine Mutter Angrboða war eine Riesin und seine Vater Loki ein Gott, der oft als Listenreicher und Trickster-Gott dargestellt wurde. Aus dieser unheilvollen Verbindung wurden drei Kinder geboren: Jörmungandr, die Midgardschlange, Hel, die Herrscherin über Helheim, und Fenrir, der gewaltige Wolf.

Das Wachstum des Fenrir

Fenrir wuchs rapide und entwickelte sich zu einem gewaltigen und furchterregenden Wolf. Die Götter, die von der Prophezeiung der Ragnarök wussten, fürchteten seine Stärke und wollten ihn in Schach halten. Sie entschieden sich, ihn in der Asenwelt aufzuziehen, um ihn zu beobachten und zu kontrollieren.

Die Furcht der Götter

Mit der Zeit wurde Fenrir immer größer und mächtiger. Die Götter wurden zunehmend besorgt über seine Stärke und die potenzielle Bedrohung, die er darstellte. Odin, der Göttervater, und die anderen Götter beschlossen, eine Kette namens Gleipnir zu schmieden, um Fenrir zu binden.

Die Bindung des Fenrir

Die Götter forderten Fenrir heraus, Gleipnir zu zerbrechen, um zu beweisen, dass er harmlos war. Zunächst war er misstrauisch, aber schließlich stimmte er zu, sich binden zu lassen, vorausgesetzt, dass ein Göttervater seine Hand in seinem Maul platzierte, um ihm das Vertrauen zu geben. Tyr, der Gott des Krieges und des Rechts, willigte ein.

Als Fenrir bemerkte, dass er in Gleipnir gefangen war, versuchte er, sich zu befreien, aber die Kette war unzerbrechlich. In seiner Wut biss er Tyr die Hand ab, und die Götter hatten Fenrir endlich gebunden.

Die Prophezeiung von Ragnarök

Die Geschichte von Fenrir ist eng mit der Prophezeiung von Ragnarök verknüpft. Es wurde vorhergesagt, dass während der Götterdämmerung Fenrir von seiner Kette befreit werden würde und gegen die Götter kämpfen würde.

n diesem letzten Kampf würde er Odin verschlingen und schließlich von Odins Sohn, Víðarr, besiegt werden.

Die Bedeutung von Fenrir

Fenrir repräsentiert in der nordischen Mythologie die unvermeidliche Dunkelheit und das Chaos, die die Welt letztendlich verschlingen werden. Seine Geschichte erinnert daran, dass selbst die Götter nicht gegen das unausweichliche Schicksal immun sind. Seine Bindung und seine spätere Befreiung symbolisieren den Konflikt zwischen Ordnung und Chaos, der in der Welt der nordischen Mythologie eine zentrale Rolle spielte.

Die Geschichte der Midgardschlange

In der nordischen Mythologie ist die Midgardschlange, auch als Jörmungandr bekannt, eine faszinierende und mächtige Kreatur, die eine zentrale Rolle in den Mythen und Prophezeiungen spielt. Ihre Geschichte ist von epischer Bedeutung und eng mit der Welt der Götter und Menschen verbunden.

Die Geburt der Midgardschlange

Die Geschichte der Midgardschlange beginnt mit ihrer Geburt. Sie ist eines der drei Kinder von Loki, dem Gott des Trickstertums, und der Riesin Angrboða. Die beiden anderen Kinder sind der Wolf Fenrir und die Göttin Hel, die über das Reich der Toten herrscht.
Die Geburt dieser unheimlichen Nachkommen war eine Folge von Lokis widersprüchlichem Verhalten und seiner rebellischen Natur. Diese Kinder wurden in der nordischen Mythologie als gefährliche und mächtige Wesen angesehen.

Die Bedeutung von Jörmungandr

Jörmungandr ist ein riesiger Meeresdrache, der um Midgard, die Welt der Menschen, gewickelt ist. Ihre Bedeutung erstreckt sich über die reine kreatürliche Darstellung hinaus. In den Mythen wird sie als eine Inkarnation des Chaos und der Bedrohung für die Welt interpretiert. Ihre Anwesenheit ist ein Zeichen für das Unausweichliche und die unausweichliche Zerstörung.

Die Begegnung mit Thor

Eine der bekanntesten Geschichten, in der Jörmungandr eine wichtige Rolle spielt, ist die Begegnung mit dem Donnergott Thor.
Es wird erzählt, dass Thor während eines seiner Abenteuer nach Jörmungandr griff und versuchte, sie aus dem Meer zu ziehen. Ein heftiger Kampf entbrannte zwischen den beiden, aber Thor konnte sie nicht besiegen.
Dieser Konflikt spiegelt die ständige Spannung zwischen Ordnung und Chaos in der nordischen Mythologie wider. Jörmungandr repräsentiert das unausweichliche Chaos und die endgültige Bedrohung, der sich die Götter und die Welt stellen müssen.

Die Prophezeiung von Ragnarök

Die Midgardschlange spielt auch eine entscheidende Rolle in der Prophezeiung von Ragnarök, der Götterdämmerung. Es wurde vorhergesagt, dass sie während dieses katastrophalen Ereignisses ihren Schwanz aus dem Ozean ziehen und an Land kommen wird, um gegen Thor zu kämpfen.

In diesem finalen Kampf wird Jörmungandr und Thor einander besiegen, und die Welt wird in einem apokalyptischen Szenario untergehen.

Die Bedeutung von Jörmungandr in der Mythologie

Jörmungandr verkörpert in der nordischen Mythologie die unaufhaltsame Macht des Chaos und der Zerstörung. Ihre Geschichte ist eine Mahnung an die Götter und die Menschen, dass selbst die Götter nicht gegen das unvermeidliche Schicksal immun sind. Die Midgardschlange ist eine kraftvolle Metapher für die Naturgewalten und die Kräfte, die die Welt letztendlich verändern und erneuern.

Mythen um den Weltuntergang und die Wiedergeburt der Welt

In der nordischen Mythologie gibt es faszinierende Mythen über den Weltuntergang und die anschließende Wiedergeburt der Welt. Diese Mythen sind eng mit dem Konzept von Ragnarök verbunden, der Götterdämmerung, die das Ende der Welt und den Neubeginn markiert. Diese Erzählungen sind geprägt von Apokalypse, heroischen Konflikten und Hoffnung auf einen Neuanfang.

Ragnarök: Die Götterdämmerung

Ragnarök ist der Höhepunkt der nordischen Mythologie, in dem eine Reihe von Prophezeiungen und Ereignissen eintreten, die das Ende der Welt ankündigen. Diese Ereignisse sind von Zerstörung und Chaos geprägt und haben große Auswirkungen auf die Götter, Riesen, Menschen und alle Wesen in den neun Welten.

Einige der bedeutendsten Ereignisse von Ragnarök sind:

1. Der Kampf der Götter und Riesen:
In diesem gewaltigen Konflikt stehen die Götter, angeführt von Odin, Thor und anderen, den Riesen gegenüber. Die Schlacht ist heftig, und viele Götter und Riesen sterben.

2.Die Befreiung von Loki und den Kindern Lokis:
Während Ragnarök wird der gefangene Gott Loki befreit und führt die Feinde der Götter an, darunter Fenrir, die Midgardschlange, und Hel.

3. Der Tod von Odin:
In einem Kampf gegen den Fenrir-Wolf wird Odin getötet, und sein Tod markiert das Ende einer Ära.

4. Der Tod von Thor:
Thor kämpft gegen die Midgardschlange und besiegt sie, wird aber von ihrem Gift getroffen und stirbt

5. Die Verwüstung der Welt:
Während Ragnarök wird die Welt von Naturkatastrophen, Kriegen und Dunkelheit heimgesucht.

Die Wiedergeburt der Welt

Obwohl Ragnarök das Ende der Welt darstellt, endet die nordische Mythologie nicht in Verzweiflung. In den Mythen wird auch die Wiedergeburt der Welt beschrieben, die nach den katastrophalen Ereignissen von Ragnarök stattfindet.

Die Geschichte besagt, dass aus dem Ozean eine neue Erde entsteht, fruchtbar und reich an Leben. Zwei Überlebende, Líf und Lífþrasir, verbergen sich im Weltenbaum Yggdrasil und werden die ersten Menschen der neuen Welt. Auch einige Götter überleben, darunter Balder und Höðr, sowie ein neues Götterpaar, ein Symbol der Wiedergeburt und des Neuanfangs.

Die Bedeutung von Ragnarök und der Wiedergeburt

Die Mythen von Ragnarök und der Wiedergeburt der Welt vermitteln wichtige Botschaften in der nordischen Mythologie. Sie betonen die Zyklen des Lebens, den unaufhaltsamen Lauf der Zeit und die Endlichkeit selbst der Götter. Gleichzeitig repräsentieren sie die Hoffnung auf einen Neuanfang und die Möglichkeit der Erneuerung.

Kapitel 6:

Rituale und Kultpraktiken

Opfergaben, Tempel und Heiligtümer

Opfergaben spielten eine zentrale Rolle in der nordischen Mythologie und im Glaubenssystem der alten Nordmänner. Diese Rituale waren nicht nur ein Akt der Verehrung der Götter, sondern dienten auch dazu, die Gunst der Götter zu erlangen, Schutz vor Gefahren zu suchen und das Gleichgewicht in der Welt aufrechtzuerhalten. In diesem ausführlichen Beitrag werden die verschiedenen Aspekte und Bedeutungen von Opfergaben in der nordischen Mythologie näher beleuchtet.

Die Bedeutung von Opfergaben:

1. Verehrung der Götter:
Opfergaben waren ein Ausdruck der Hingabe und Verehrung gegenüber den nordischen Göttern, von denen es viele gab. Die Götter kontrollierten verschiedene Aspekte des Lebens, von Krieg und Fruchtbarkeit bis hin zu Naturphänomenen, und durch Opfergaben suchten die Menschen deren Wohlwollen und Unterstützung.

2. Bewahrung der kosmischen Ordnung: Die Nordmänner glaubten an die kosmische Ordnung und daran, dass die Welt in einem empfindlichen Gleichgewicht zwischen Ordnung und Chaos existierte. Opfergaben sollten dazu beitragen, dieses Gleichgewicht aufrechtzuerhalten und die drohende Gefahr von Unheil und Katastrophen abzuwenden.

3. Schutz und Segen: Opfergaben wurden häufig als Mittel verwendet, um Schutz vor Gefahren, sei es durch Feinde, Naturkatastrophen oder Krankheiten, zu suchen. Die Götter sollten die Menschen vor diesen Bedrohungen bewahren.

4. Fruchtbarkeit und Wohlstand: In agrarischen Gesellschaften war die Fruchtbarkeit des Landes von entscheidender Bedeutung. Opfergaben sollten die Fruchtbarkeit der Erde und den Erfolg der Ernte sicherstellen. Auch in Bezug auf Wohlstand und Reichtum wurden Opfergaben dargebracht, um ein erfülltes Leben zu führen.

Arten von Opfergaben

1. Blutopfer: Die wohl bekannteste Form der Opfergaben in der nordischen Mythologie waren Blutopfer. Tiere, oft Pferde, wurden für rituelle Zwecke geopfert. Das Blut dieser Tiere galt als besonders wertvoll und wurde auf Altären oder heiligen Stätten vergossen.

2. Nahrung und Getränke: Neben Blutopfern wurden den Göttern auch Nahrungsmittel und Getränke als Opfergaben dargebracht. Diese Opfergaben umfassten oft Brot, Bier, Fleisch und andere Lebensmittel.

3. Opfergaben aus Edelmetallen: In späteren Zeiten wurden auch wertvolle Gegenstände wie Schmuck, Münzen und Waffen den Göttern dargebracht. Diese symbolisierten den Respekt und die Hingabe der Menschen.

4. Gaben von Symbolen: Oft wurden Gegenstände mit symbolischer Bedeutung geopfert, darunter Runensteine und Schmuckstücke mit religiösen Motiven.

Durchführung von Opferungen

1. Rituale und Gebete: Opfergaben wurden in begleitenden Ritualen und Gebeten dargebracht. Diese Rituale waren oft komplex und beinhalteten Gesänge, Beschwörungen und das Sprechen von magischen Formeln.

2. *Heilige Orte:* Opfergaben wurden an heiligen Orten dargebracht, darunter Tempel, Höfe, Wälder und Moore. Diese Orte wurden als Schnittstellen zwischen der physischen und der spirituellen Welt angesehen.

3. Opferpriester: Einige Gemeinschaften hatten spezielle Opferpriester, die für die Durchführung der Rituale verantwortlich waren und als Vermittler zwischen den Menschen und den Göttern fungierten.

Tempel - Orte der Verehrung

Tempel spielten eine wesentliche Rolle in der nordischen Mythologie und im religiösen Leben der alten Nordmänner. Diese heiligen Stätten dienten nicht nur als Orte der Verehrung der nordischen Götter, sondern auch als Versammlungsorte für wichtige religiöse und soziale Rituale. In diesem ausführlichen Beitrag werden die verschiedenen Aspekte und die Bedeutung von Tempeln in der nordischen Mythologie näher beleuchtet.

Die Bedeutung von Tempeln

1. Verehrung der Götter:
Tempel waren Orte, an denen die nordischen Götter verehrt und geehrt wurden. Jeder Tempel war in der Regel einem oder mehreren Göttern gewidmet, und in ihm befanden sich Statuen oder Abbildungen der Götter, die von den Gläubigen angebetet wurden.

2. Orte der Versammlung:
Tempel dienten auch als Versammlungsorte für religiöse Zeremonien, Rituale und Opfergaben. Hier kamen die Gemeinschaften zusammen, um gemeinsam zu beten, Opfer darzubringen und die Götter um Beistand zu bitten.

3. Bewahrung des Glaubens:
Tempel waren auch Orte, an denen das Wissen über die nordische Mythologie und die religiöse Tradition bewahrt und weitergegeben wurde. Hier wurden Geschichten, Lieder und Bräuche an die nächste Generation weitergegeben.

Arten von Tempeln

1. Höhlen- und Felsentempel: Einige Tempel waren natürliche Höhlen oder Felsformationen, die als heilig betrachtet wurden. Diese Orte wurden als Schnittstellen zwischen der physischen und der spirituellen Welt angesehen.

2. Holz- und Steinbauten: In späteren Zeiten wurden auch Tempelgebäude aus Holz oder Stein errichtet. Diese Tempel waren oft aufwändig gestaltet und reich mit Schnitzereien und religiösen Symbolen geschmückt.

3. Tempelhöfe: Ein Teil des Tempelkomplexes war oft der Hof, auf dem religiöse Rituale und Versammlungen stattfanden. Hier befand sich auch der Hauptaltar, auf dem Opfergaben dargebracht wurden.

Tempel der Götter

1. Der Tempel von Uppsala: Der Tempel von Uppsala in Schweden war einer der bedeutendsten Tempel in der nordischen Welt. Er war Odin, Thor und Freyr gewidmet und wurde von den Menschen aus der Umgebung besucht, um Opfergaben darzubringen und Rituale durchzuführen.

2. Der Tempel von Skálholt: Auf Island befand sich der Tempel von Skálholt, der dem Gott Thor gewidmet war. Dieser Tempel war ein wichtiger Ort für die Verehrung der Götter auf der Insel.

3. Lokale Tempel: Neben den großen Tempeln in Uppsala und Skálholt gab es in vielen Gemeinschaften auch lokale Tempel, die bestimmten Göttern gewidmet waren. Diese Tempel dienten als Zentren der Religionsausübung und der Gemeinschaft.

Das Ende der Tempel

Mit der Christianisierung der nordischen Länder im Mittelalter wurden die alten Tempel und religiösen Praktiken allmählich verdrängt. Durch das Christentum wurden viele Tempel zerstört oder zu Kirchen umgewandelt.

Heiligtümer - Orte der Macht und Mystik

Heiligtümer, auch bekannt als heilige Stätten oder Schreine, spielten eine zentrale Rolle in der nordischen Mythologie und im Glaubenssystem der alten Nordmänner. Diese Orte wurden als Schnittstellen zwischen der physischen und spirituellen Welt angesehen und galten als Orte der Macht, der Verehrung der Götter und der spirituellen Praxis. In diesem ausführlichen Beitrag werden die verschiedenen Aspekte und die Bedeutung von Heiligtümern in der nordischen Mythologie näher beleuchtet.

Die Bedeutung von Heiligtümern

1. Orte der Macht: Heiligtümer wurden als Orte betrachtet, an denen die Kräfte der Götter und der spirituellen Welt besonders stark spürbar waren. Hier konnten Gläubige göttliche Eingebungen erhalten, Visionen erleben und Kontakt zur spirituellen Welt aufnehmen.

2. Verehrung der Götter: Heiligtümer waren Orte der Verehrung und Opfergaben für die nordischen Götter. Menschen kamen hierher, um Rituale, Gebete und Opfergaben darzubringen, um die Gunst der Götter zu erlangen.

3. Mystische Erfahrungen: Heiligtümer waren oft Orte, an denen mystische Erfahrungen gemacht wurden. Dies konnten Träume, Visionen, Ekstase oder andere spirituelle Erlebnisse sein, die den Gläubigen mit der spirituellen Welt verbanden.

4. Orte der Lehre und Überlieferung: Heiligtümer dienten auch als Orte, an denen Wissen über die nordische Mythologie, Bräuche und Geschichten weitergegeben wurde. Hier wurden Geschichten erzählt, Lieder gesungen und Wissen überliefert.

Arten von Heiligtümern

1. Naturheiligtümer: Einige Heiligtümer waren natürliche Orte, die als besonders heilig betrachtet wurden. Dies konnten Berge, Haine, Flüsse oder andere natürliche Formationen sein, die als Wohnsitze der Götter galten.

2. Künstliche Heiligtümer: In späteren Zeiten wurden auch künstliche Heiligtümer errichtet, darunter Tempel, Opferstätten und heilige Steine. Diese wurden oft aufwändig gestaltet und mit religiösen Symbolen geschmückt.

3. Opferstellen: Heiligtümer wurden oft mit Opferstellen in Verbindung gebracht, an denen Tiere oder Lebensmittel als Gaben dargebracht wurden. Diese Opfergaben sollten die Götter besänftigen und die spirituelle Verbindung stärken.

Bekannte Heiligtümer

1. Thingvellir: Auf Island befindet sich Thingvellir, ein historisch und religiös bedeutender Ort. Hier wurde das Althing, das älteste parlamentarische System der Welt, abgehalten, und es war auch ein wichtiger Ort für religiöse Versammlungen und Rituale.

2. Uppsala-Tempel: Der Uppsala-Tempel in Schweden war ein zentraler Ort der Verehrung für die nordischen Götter. Er war Odin, Thor und Freyr gewidmet und wurde von Menschen aus der Umgebung besucht, um Opfergaben darzubringen.

3. Opfermoore: Opfermoore waren häufige Heiligtümer in der nordischen Welt. Diese Orte wurden als besonders heilig betrachtet, da sie als Schnittstellen zwischen der physischen und spirituellen Welt galten.

Das Ende der Heiligtümer

Mit der Christianisierung der nordischen Länder im Mittelalter wurden viele Heiligtümer und religiösen Praktiken allmählich verdrängt. Die alten Stätten der Verehrung wurden zerstört oder zu christlichen Kirchen umgewandelt. Dennoch sind einige Heiligtümer erhalten geblieben und dienen heute als historische Stätten und Zeugnisse der nordischen Religion und Kultur.

Die Bedeutung von Opfergaben, Tempeln und Heiligtümern

Die nordische Mythologie ist reich an Ritualen, Glaubenssystemen und heiligen Orten, die einen zentralen Platz im Leben der alten Nordmänner einnahmen. Opfergaben, Tempel und Heiligtümer spielten eine entscheidende Rolle in der Beziehung zwischen den Menschen und den nordischen Göttern sowie in der Aufrechterhaltung der kosmischen Ordnung. In diesem ausführlichen Beitrag werden die Bedeutung und die Zusammenhänge dieser Elemente näher beleuchtet.

Opfergaben

1. Ehre und Anerkennung: Opfergaben waren eine Möglichkeit, den nordischen Göttern Ehre und Anerkennung zu erweisen. Indem die Menschen ihren Glauben in Form von Gaben ausdrückten, zeigten sie ihre Dankbarkeit und Verehrung.

2. Bitte um Gunst und Schutz: Opfergaben wurden auch genutzt, um die Gunst der Götter zu erbitten. Die Menschen hofften, dass ihre Gaben die Götter dazu bewegen würden, ihnen Schutz, Wohlstand und Hilfe in schwierigen Zeiten zu gewähren.

3. Teil der rituellen Kommunikation: Opfergaben dienten als Mittel der Kommunikation zwischen den Menschen und den Göttern. Sie waren Teil von Ritualen und Zeremonien, bei denen die Anwesenheit der Götter angefleht wurde.

Tempel

1. Verehrung der Götter: Tempel waren die zentralen Orte der Verehrung der nordischen Götter. Hier versammelten sich die Gläubigen, um gemeinsam zu beten, Opfergaben darzubringen und Rituale durchzuführen.

2. Bewahrung des Glaubens: Tempel dienten auch als Orte, an denen das Wissen über die nordische Mythologie und die religiöse Tradition bewahrt und weitergegeben wurde. Hier wurden Geschichten, Lieder und Bräuche an die nächste Generation weitergegeben.

3. Mystische Erfahrungen: Tempel waren Orte, an denen Gläubige mystische Erfahrungen machten. Diese Erfahrungen konnten Visionen, Ekstasen oder göttliche Offenbarungen sein, die die spirituelle Verbindung verstärkten.

Heiligtümer

1. Orte der Macht: Heiligtümer galten als Orte der Macht und Mystik. Sie waren Schnittstellen zwischen der physischen und spirituellen Welt und wurden oft mit göttlicher Präsenz in Verbindung gebracht.

2. Mystische Erfahrungen: Heiligtümer waren Orte, an denen Gläubige mystische Erfahrungen machten. Diese Erlebnisse verstärkten die spirituelle Verbindung und ermöglichten den Kontakt zur spirituellen Welt.

3. Orte der Lehre und Überlieferung: Heiligtümer waren Orte, an denen Wissen über die nordische Mythologie und die religiöse Tradition weitergegeben wurde. Hier wurden Geschichten erzählt, Lieder gesungen und Wissen über die Götter und die Welt geteilt.

Zusammenhang zwischen Opfergaben, Tempeln und Heiligtümern

Opfergaben, Tempel und Heiligtümer waren eng miteinander verbunden. Opfergaben wurden oft in Tempeln dargebracht, um die Götter zu ehren und deren Gunst zu erbitten. Tempel waren die Orte, an denen Opfergaben dargebracht und Rituale durchgeführt wurden.

Heiligtümer galten als heilige Orte der Macht und wurden oft mit Tempeln in Verbindung gebracht.

Sie waren nicht nur Mittel der Verehrung, sondern auch Kanäle zur spirituellen Erfahrung und zur Aufrechterhaltung der kosmischen Ordnung. Diese Elemente sind ein wichtiger Teil des Erbes der nordischen Kultur und Religion, das auch heute noch in der nordischen Spiritualität weiterlebt.

Blut und Symbologie

Die nordische Religion, die von den alten Nordmännern praktiziert wurde, ist reich an Symbolik und Ritualen, bei denen Blut eine zentrale Rolle spielte. Blut war nicht nur ein lebenswichtiges Element, sondern es hatte auch eine tiefe spirituelle Bedeutung. In diesem ausführlichen Beitrag werden die Bedeutung und die Symbologie von Blut in der nordischen Religion näher beleuchtet.

Blut als Lebenskraft

In der nordischen Mythologie galt Blut als Lebenskraft. Die Götter selbst waren von Blut und Leben durchströmt, und die Erde wurde durch den Atem und das Blut eines uralten Riesen belebt. Blut wurde oft mit der Idee des Lebenszyklus in Verbindung gebracht, da es den Kreislauf des Lebens symbolisierte, von der Geburt bis zum Tod.

Opfergaben und Verehrung

Blut spielte eine entscheidende Rolle in Opfergaben und rituellen Handlungen. Opfertiere wurden geopfert, und ihr Blut wurde den Göttern dargebracht. Dieses Blutopfer sollte die Götter besänftigen und ihnen die Kraft verleihen, die Welt in Ordnung zu halten. Diese Rituale waren Teil einer tieferen Verehrung und Hingabe an die Götter.

Blutsbrüderschaft

Eine besonders intensive Form der Verbindung wurde durch die sogenannte "Blutsbrüderschaft" geschaffen. Menschen, die Blutsbrüder wurden, schnitten sich gegenseitig die Handflächen auf, vermischten ihr Blut und tranken daraus. Diese Vereinigung symbolisierte eine lebenslange Verbindung, die stärker als jede andere Freundschaft war.

Der Untergang und das Ende der Welt

In der nordischen Mythologie wird auch das Blut in Verbindung mit dem bevorstehenden Weltuntergang, Ragnarök, gebracht.

Es wird erzählt, dass Blutströme die Welt überziehen werden, und die Götter werden im finalen Kampf gegen die Mächte des Chaos ihr eigenes Blut vergießen.

Die Bedeutung des Herzbluts

Das Herzblut, das als das reinste und stärkste Blut galt, hatte eine besondere Bedeutung. Es wurde als Symbol der innersten Überzeugungen und Hingabe angesehen. Das Herzblut zu opfern, symbolisierte die Bereitschaft, alles für die Götter und für das Gleichgewicht in der Welt zu geben.

Blut und Erbe

Blut hatte auch eine wichtige Rolle bei der Vererbung und Abstammung. Die nordische Gesellschaft war stark patriarchalisch geprägt, und die Blutlinie wurde über den Vater weitergegeben. Das Blut einer Person war untrennbar mit ihrer Abstammung und ihrem Erbe verbunden.

Zusammenfassung

Blut spielte eine bedeutende Rolle in der nordischen Religion und Mythologie. Es war nicht nur ein Symbol des Lebens und der Verbindung zu den Göttern, sondern es hatte auch eine tiefe spirituelle Bedeutung.

Die Bedeutung von Runen und magischen Praktiken

Runen und magische Praktiken spielten eine wesentliche Rolle in der nordischen Mythologie und Religion. Die alten Nordmänner glaubten fest an die Macht der Runen, die ihnen spirituelle Führung, Schutz und eine Verbindung zur göttlichen Welt boten. In diesem ausführlichen Beitrag werden wir uns eingehend mit der Bedeutung von Runen und magischen Praktiken in der nordischen Mythologie befassen.

Die Entstehung der Runen

Die Runen sind das Schriftsystem der alten Germanen und nordischen Völker. Es wird angenommen, dass die Runen von den Göttern selbst geschaffen wurden, insbesondere von Odin, dem Gott der Weisheit und der Runen.
Die nordischen Mythen berichten, dass Odin neun Tage und Nächte an Yggdrasil, dem Weltenbaum, hing, um das Wissen um die Runen zu erlangen. Dieses Wissen gab er den Menschen weiter, und die Runen wurden zu einem bedeutenden Element in der nordischen Kultur.

Die Bedeutung der Runen

Die Runen waren nicht nur ein Schriftsystem, sondern wurden auch als Werkzeuge zur Weissagung und zur Kommunikation mit den Göttern verwendet. Jede Rune hatte eine spezielle Bedeutung und symbolisierte verschiedene Aspekte des Lebens und der Natur. Die Nordmänner glaubten, dass die Runen die geheimen Kräfte der Welt widerspiegelten und die Macht hatten, die Zukunft vorherzusagen.

Runenmagie und Divination

Die Nordmänner praktizierten Runenmagie, um Schutz, Heilung und spirituelle Führung zu erlangen. Runen wurden in magischen Ritualen eingesetzt, um Krankheiten zu heilen, gegen Feinde zu schützen oder das Wetter zu beeinflussen. Sie dienten auch zur Weissagung, bei der man die Runen warf und ihre Position und Bedeutung interpretierte, um Einblicke in die Zukunft zu gewinnen.

Die Macht der Bindrunen

Bindrunen waren spezielle Kombinationen von Runen, die eine verstärkte magische Bedeutung hatten.

Indem verschiedene Runen miteinander kombiniert wurden, konnten die Nordmänner gezielte magische Absichten setzen. Zum Beispiel konnten sie eine Bindrune verwenden, um Glück und Wohlstand anzuziehen oder Schutz vor Gefahren zu suchen.

Die Verbindung zur göttlichen Welt

Runen waren auch ein Mittel, um mit den Göttern in Kontakt zu treten. Durch das Rufen der Namen der Götter und das Zeichnen von Runen in Ritualen glaubten die Nordmänner, dass sie eine Brücke zur göttlichen Welt schlagen konnten. Diese Verbindung erlaubte es ihnen, um göttliche Hilfe, Führung und Schutz zu bitten.

Runensteine und Gravuren

Die Nordmänner gravierten Runen auf Steine, Waffen, Schmuck und andere Gegenstände, um deren magische Bedeutung zu verstärken. Diese Runensteine dienten als Amulette und schützten vor Gefahren. Sie wurden auch oft auf Gräbern verwendet, um den Verstorbenen spirituelle Hilfe auf ihrer Reise ins Jenseits zu bieten.

Kapitel 7 : Die Rezeption der nordischen Mythologie

Die Mythen der nordischen Mythologie haben über die Jahrhunderte hinweg eine faszinierende Entwicklung durchgemacht. Moderne Interpretationen und Anpassungen dieser Mythen haben dazu beigetragen, sie in der zeitgenössischen Kultur lebendig zu erhalten. In diesem ausführlichen Beitrag werden wir die verschiedenen Formen der modernen Interpretationen und Anpassungen der nordischen Mythen betrachten und ihre Bedeutung für die heutige Welt erörtern.

Einfluss auf Literatur, Kunst und Popkultur

Die nordische Mythologie hat einen tiefen und dauerhaften Einfluss auf die Literatur weltweit gehabt. In diesem ausführlichen Beitrag werden wir untersuchen, wie die nordische Mythologie in verschiedenen literarischen Werken interpretiert, angepasst und wiederbelebt wurde, und wie sie die literarische Welt geprägt hat.

1. Die Edda und die Saga-Literatur

Die ältesten schriftlichen Zeugnisse der nordischen Mythologie stammen aus dem 13. Jahrhundert und sind in den Eddas und der Saga-Literatur zu finden. Die "Poetische Edda" und die "Prosa Edda" enthalten Mythen, Göttergeschichten und Heldenlieder, die von Snorri Sturluson und anderen Autoren aufgezeichnet wurden. Die Saga-Literatur erzählt die Heldentaten von Wikingerhäuptlingen und greift oft auf mythologische Elemente zurück.
er Literatur spielen.

2. William Morris und die Präraffaeliten

In der Mitte des 19. Jahrhunderts fand eine Wiederbelebung der nordischen Mythologie in der Literatur statt. William Morris, ein führendes Mitglied der Präraffaeliten, schrieb "The House of the Wolfings" und "The Roots of the Mountains". Diese Romane griffen auf nordische Motive zurück und beeinflussten die Fantasyliteratur des 20. Jahrhunderts.

3. J.R.R. Tolkien und die nordische Mythologie

J.R.R. Tolkien, der Autor von "Der Herr der Ringe", war stark von der nordischen Mythologie beeinflusst. Er schuf eine umfangreiche Welt, die von nordischen Motiven durchzogen war. Die Götter, Helden und die Idee des Schicksals sind in Tolkiens Werken allgegenwärtig. Die Darstellung der Zwerge und Elfen ist ebenfalls nordisch inspiriert.

4. Die Verwendung nordischer Motive in Fantasy-Literatur:

Die nordische Mythologie hat einen erheblichen Einfluss auf die moderne Fantasy-Literatur gehabt.

Autoren wie Neil Gaiman, George R.R. Martin und Michael Moorcock haben nordische Elemente in ihre Werke integriert. Gaimans "Norse Mythology" ist eine moderne Neuerzählung der klassischen Mythen.

5. Richard Wagner und das Musikdrama:

Der deutsche Komponist Richard Wagner schuf eine berühmte Musikdramenreihe, die als "Der Ring des Nibelungen" bekannt ist. Diese Opern basieren auf nordischen Mythen und sind ein Meilenstein in der Musik- und Literaturgeschichte.

6. Autoren und Dichter:

In der Literatur des 20. Jahrhunderts haben Autoren wie W.H. Auden, Seamus Heaney und Ted Hughes die nordische Mythologie in Gedichten und Essays erforscht. Die Vielfalt der nordischen Götter und ihre Beziehung zur menschlichen Natur bieten reichhaltige Quellen für literarische Inspiration.

7. Mythologische Interpretation:

Die nordische Mythologie bietet Schriftstellern reichhaltige Symbolik und allegorische Interpretationen.

8. Einfluss auf die Popkultur:

Die nordische Mythologie hat nicht nur die Literatur beeinflusst, sondern auch die Popkultur. Von Superheldencomics bis zu Videospielen greifen viele moderne Medien auf nordische Motive zurück.

9. Schlussbemerkung:

Die nordische Mythologie hat die Literatur auf vielfältige Weise geprägt und ist ein zeitloses und inspirierendes Erbe, das weiterhin die Fantasie von Schriftstellern und Lesern auf der ganzen Welt beflügelt. Die Mythen und Legenden der nordischen Götter und Helden werden auch in Zukunft eine wichtige Rolle in der Literatur spielen.

Film und Fernsehen: Die nordische Mythologie auf der Leinwand und dem Bildschirm

Die nordische Mythologie hat in der Welt des Films und Fernsehens eine bemerkenswerte Präsenz erreicht. In diesem ausführlichen Beitrag werden wir die verschiedenen Wege erkunden, auf denen nordische Mythen in der Film- und Fernsehwelt interpretiert, angepasst und dargestellt wurden.

1. Die Anfänge im Stummfilm:

Die nordische Mythologie fand bereits in den Anfängen des Films Einzug. Der Stummfilm "Die Nibelungen" von Fritz Lang aus den 1920er Jahren, der auf der Nibelungensage basiert, war einer der ersten Filme, der nordische Elemente auf die Leinwand brachte. Dieser Film setzte Maßstäbe für die Darstellung epischer Mythologie im Kino.

2. Hollywood und die nordischen Götter:

In den letzten Jahrzehnten haben Hollywood-Produktionen die nordische Mythologie für ein breites Publikum zugänglich gemacht. Die "Thor"-Filme des Marvel Cinematic Universe, darunter "Thor" (2011) und "Thor: Ragnarok" (2017), haben die nordischen Götter und Mythen einem globalen Publikum nähergebracht. Chris Hemsworths Darstellung von Thor und Tom Hiddlestons Loki wurden zu Ikonen der Popkultur.

3. TV-Serien über Wikinger:

TV-Serien wie "Vikings" und "The Last Kingdom" haben die nordische Geschichte und Mythologie auf unterhaltsame und spannende Weise erkundet. Sie haben die Welt der Wikinger, ihre Götter und Heldentaten in den Fokus gerückt und ein breites Publikum für diese Themen begeistert.

4. Richard Wagners EInfluss:

Die Musikdramen von Richard Wagner, die auf nordischen Mythen basieren, haben auch ihren Weg auf die Leinwand gefunden.

Die Verfilmungen von Wagners "Der Ring des Nibelungen" wie "Der Ring des Nibelungen" (2004) haben die epischen Geschichten und musikalischen Meisterwerke einem größeren Publikum nähergebracht.

5. Moderne Fantasy-Serien:

Fantasy-Serien wie "Game of Thrones", die auf der Buchreihe "Das Lied von Eis und Feuer" von George R.R. Martin basieren, haben nordische Elemente in ihre Handlung eingeflochten. Die Verwendung von Drachen, Göttern und antiken Kulturen spiegelt den Einfluss der nordischen Mythologie wider.

6. Zeichentrick- und Animationsfilme:

Nordische Mythen finden sich auch in Zeichentrick- und Animationsfilmen. Beispielsweise hat Disney mit "Der König der Löwen" (1994) und "Vaiana" (2016) Elemente der nordischen Mythologie in moderner Form präsentiert.

7. Dokumentationen und Bildungsprogramme:

Neben fiktionalen Darstellungen haben auch Dokumentationen und Bildungsprogramme die nordische Mythologie beleuchtet. Diese Formate bieten Einblicke in die historischen und kulturellen Aspekte der Mythologie.

8. Kontroversen und kulturelle Aneignung:

Die Verwendung nordischer Motive in Film und Fernsehen ist nicht immer unumstritten. Einige Kritiker werfen Produzenten vor, die Mythen zu vereinfachen oder zu kommerzialisieren. Es gibt auch Debatten über kulturelle Aneignung und den respektvollen Umgang mit diesen heiligen Geschichten.

9. Schlussbemerkung:

Die nordische Mythologie hat in der Film- und Fernsehwelt einen festen Platz gefunden und ist eine reichhaltige Quelle für spannende Geschichten, epische Schlachten und faszinierende Charaktere. Ihre zeitlose Faszination wird weiterhin Filmemacher und Zuschauer auf der ganzen Welt inspirieren.

Die Wiederbelebung der nordischen Religion in der Neuzeit

Die nordische Religion, die in der Vorchristlichen Zeit in den nordischen Ländern praktiziert wurde, geriet mit der Christianisierung des Gebiets in Vergessenheit. In der Neuzeit, insbesondere seit dem 19. Jahrhundert, begann jedoch eine bemerkenswerte Wiederbelebung der nordischen Religion. In diesem ausführlichen Beitrag werden wir die Ursprünge, Gründe und Auswirkungen dieser Wiederbelebung untersuchen.

1. Ursprünge der Wiederbelebung:

Die Wiederbelebung der nordischen Religion in der Neuzeit begann im 19. Jahrhundert und wurde stark von der romantischen Bewegung beeinflusst.
Romantiker sahen in den alten Mythen und Legenden eine Quelle der Inspiration und einen Ausdruck der nationalen Identität. Sie begannen, die alten Texte zu studieren und die alten Götter und Helden zu verehren.

2. Nationalismus und Identität:

In einer Zeit des aufkommenden Nationalismus in Europa suchten die Menschen nach Wegen, ihre nationale Identität zu stärken. Die nordische Mythologie wurde in den skandinavischen Ländern und in Deutschland als Ausdruck der eigenen Kultur und Geschichte wiederentdeckt.

3. Runenmagie und Neuheidentum:

Die Wiederbelebung der nordischen Religion führte zur Erforschung von Runen und Runenmagie. Menschen begannen, die alten Schriftzeichen als mystische Symbole zu verwenden.
Gleichzeitig entstanden neue religiöse Bewegungen, die sich auf die nordische Mythologie stützten, wie der Ásatrú in Island und der Odinismus in England.

4. Literatur und Kunst:

Die nordische Mythologie beeinflusste die Literatur und Kunst des 19. und 20. Jahrhunderts erheblich. Schriftsteller wie William Morris und Richard Wagner integrierten nordische Motive in ihre Werke.

Die Musikdramen von Wagner, wie "Der Ring des Nibelungen", sind ein bemerkenswertes Beispiel für die Wirkung der nordischen Mythologie auf die Kunst.

5. Archäologie und Forschung:

Die Erforschung der nordischen Mythologie wurde auch durch archäologische Funde vorangetrieben. Die Entdeckung von Runensteinen, Grabhügeln und anderen Artefakten trug dazu bei, unser Verständnis der alten Religion zu vertiefen.

6. Moderne Neuheidentum:

Im 20. und 21. Jahrhundert erlebte das Neuheidentum, das auf der nordischen Religion basiert, eine Renaissance. Anhänger des Ásatrú und ähnlicher Bewegungen praktizieren wieder die alten Rituale und Verehrung der nordischen Götter. Diese modernen Neuheiden sehen die nordische Religion als eine spirituelle Quelle und eine Verbindung zur Natur.

7. Kontroversen und Herausforderungen:

Die Wiederbelebung der nordischen Religion ist nicht ohne Kontroversen. Einige Kritiker werfen Anhängern des Neuheidentums vor, rassistische und rechtsextreme Ansichten zu fördern. Es gibt auch Debatten über die Authentizität der modernen Rekonstruktionen und die Frage, ob die nordische Religion als Glaubenssystem oder kulturelles Erbe betrachtet werden sollte.

8. Schlussbemerkung:

Die Wiederbelebung der nordischen Religion in der Neuzeit ist ein faszinierendes Phänomen, das die kulturelle Vielfalt und den Wunsch nach spiritueller Verbundenheit in einer globalisierten Welt widerspiegelt. Es zeigt, wie die alten Mythen und Götter auch in der modernen Gesellschaft eine wichtige Rolle spielen können und weiterhin Menschen auf der ganzen Welt faszinieren.

Die Nordlichter

Die Nordlichter, auch als Aurora Borealis bekannt, sind ein faszinierendes und spektakuläres Naturphänomen, das den Himmel in den polaren Regionen in farbenfrohe Lichter taucht. Diese geheimnisvollen Lichterscheinungen, die in Grün, Rot, Blau und Violett erscheinen können, haben über die Jahrhunderte hinweg die Fantasie der Menschen angeregt. Doch wie verhält es sich mit den Nordlichtern und den Wikingern, den legendären Seefahrern und Entdeckern des Nordens?

Die Verbindung zwischen den Nordlichtern und den Wikingern ist nicht nur kultureller, sondern auch mythologischer Natur. Die Nordlichter spielten in der nordischen Mythologie, der Religion der Wikinger, eine bedeutende Rolle. In der nordischen Mythologie glaubte man, dass die Nordlichter das Ergebnis von Bifrost, der Regenbogenbrücke, waren, die die Welt der Menschen, Midgard, mit Asgard, dem Reich der Götter, verband. Diese Lichterscheinungen wurden als ein Zeichen der Götter angesehen, als ob sie den Himmel selbst erleuchteten.

Eine der zentralen Figuren in der nordischen Mythologie, die eine Verbindung zu den Nordlichtern hatte, war der Gott Bifröst. Bifröst wurde als eine leuchtende Brücke dargestellt, die in den Himmel führte. Es wird angenommen, dass die Nordlichter die Reflexion des Lichts von Bifröst auf Midgard waren. Diese Verbindung zwischen den Nordlichtern und der nordischen Mythologie zeigt, wie stark die Naturerscheinungen in die religiösen Vorstellungen der Wikinger eingebunden waren.

Die Nordlichter hatten auch eine praktische Bedeutung für die Wikinger, die in den nordischen Ländern lebten. In den langen Winternächten der nördlichen Breiten, in denen die Sonne kaum über den Horizont steigt, boten die Nordlichter zusätzliches Licht und halfen den Menschen bei der Orientierung in der Dunkelheit. Die Wikinger waren erfahrene Seefahrer und nutzten die Sterne und die Nordlichter, um sich auf ihren Reisen zu orientieren.

Darüber hinaus hatten die Nordlichter sicherlich auch eine ästhetische und kulturelle Bedeutung für die Wikinger. Diese farbenfrohen Lichter, die den Himmel erhellten, müssen für die Menschen in den dunklen Winternächten eine faszinierende Erscheinung gewesen sein.

Es ist gut möglich, dass die Nordlichter in die Kunst und Folklore der Wikinger eingeflossen sind.

Heutzutage sind die Nordlichter immer noch eine faszinierende Attraktion in den nordischen Ländern, und sie ziehen Reisende aus der ganzen Welt an. Es ist eine Erfahrung, die es ermöglicht, die Verbindung zwischen Natur, Kultur und Mythologie zu spüren und sich vorzustellen, wie die Wikinger vor Jahrhunderten diesen beeindruckenden Himmel betrachtet haben.

In gewisser Weise verbinden die Nordlichter die Menschen von heute mit den Legenden und der Lebensweise der Wikinger in einer Zeit, als die Naturerscheinungen eine bedeutende Rolle in ihrem Leben und ihren Überzeugungen spielten.

Moderne Interpretationen und Anpassungen der Mythen: Die nordische Mythologie im Wandel der Zeit

Die nordische Mythologie hat über die Jahrhunderte hinweg eine faszinierende Entwicklung durchlaufen, die in modernen Interpretationen und Anpassungen ihren Höhepunkt findet. In diesem ausführlichen Beitrag werden wir die vielfältigen Wege erkunden, auf denen die nordischen Mythen in der heutigen Zeit neu interpretiert und angepasst werden.

1. Literatur und Belletristik:

Die nordische Mythologie dient als reiche Inspirationsquelle für zeitgenössische Schriftsteller und Autoren. Zahlreiche Bücher, Romane und Graphic Novels haben die alten Mythen als Grundlage für neue Geschichten genutzt.

Beispiele hierfür sind Neil Gaimans "American Gods" und Joanne Harris' "Runemarks". Diese Werke verweben die alten Götter und Helden in moderne Erzählungen und geben ihnen neue Bedeutung.

2. Comics und Graphic Novels:

Comic-Künstler und Autoren haben die nordische Mythologie in Form von Graphic Novels lebendig gemacht. Beispiele sind "Thor" von Marvel Comics und "Norse Mythology" von Dark Horse Comics. Diese Comics erzählen klassische Geschichten in modernem Gewand und vermitteln sie einem breiten Publikum.

3. Popkultur und Unterhaltung:

Die nordische Mythologie ist ein fester Bestandteil der Popkultur geworden. Videospiele wie "God of War" und "Assassin's Creed Valhalla" greifen nordische Elemente auf und ermöglichen es den Spielern, in die Welt der Götter und Helden einzutauchen. Filme wie "Wickie auf großer Fahrt" und "Valhalla Rising" nehmen Bezug auf nordische Mythen und transportieren sie in die Unterhaltungsindustrie.

4. Musik und Kunst:

Die nordische Mythologie hat auch in der Musik und Kunst ihren Platz gefunden. Bands wie Led Zeppelin, Amon Amarth und Wardruna lassen sich von den Mythen inspirieren und integrieren nordische Motive in ihre Songs und Alben. Künstler verwenden die Mythologie als Thema für Gemälde, Skulpturen und andere Kunstwerke.

5. Paganismus und Neuheidentum:

Moderne paganistische und Neuheidentumsbewegungen haben die nordische Mythologie in ihre Glaubenspraxis integriert. Anhänger des Ásatrú, einer Neuheidentumsbewegung, verehren die alten Götter und führen Rituale durch, die auf den alten Traditionen basieren. Diese Bewegungen sehen die Mythologie als Quelle spiritueller Inspiration.

6. Kritische Reinterpretation:

Einige moderne Interpretationen der nordischen Mythologie werfen auch kritische Fragen auf. Sie beleuchten die dunklen Seiten der Mythen, wie Gewalt, Konflikte und ethische Dilemmas. Dies ermöglicht es, die Mythen in einem zeitgemäßen Kontext zu hinterfragen und zu reflektieren.

7. Multikultureller Ansatz:

In einer globalisierten Welt wird die nordische Mythologie auch von Menschen außerhalb Skandinaviens und Europas neu interpretiert. Diese interkulturellen Ansätze zeigen, wie die Mythen in verschiedenen Teilen der Welt adaptiert und interpretiert werden, oft in Verbindung mit lokalen Traditionen.

8. Schlussbemerkung:

Die nordische Mythologie ist ein lebendiges Erbe, das in der modernen Gesellschaft weiterhin relevant ist. Die Vielfalt der Interpretationen und Anpassungen zeigt, dass die Mythen nicht in der Vergangenheit verweilen, sondern lebendig und wandelbar sind. Die nordische Mythologie wird auch in Zukunft eine wichtige Rolle in Literatur, Kunst, Popkultur und Glauben spielen.

Kapitel 8: Die nordische Mythologie heute

Der Erhalt und die Erforschung nordischer Mythen

Bewahrung und Entdeckung kulturellen Erbes

Die nordische Mythologie ist ein wertvolles kulturelles Erbe, das in den letzten Jahrhunderten erfolgreich erhalten und erforscht wurde. In diesem ausführlichen Beitrag werden wir die Bemühungen zur Bewahrung der nordischen Mythen und die wichtige Rolle der Forschung bei der Entdeckung neuer Einblicke in dieses reiche Erbe beleuchten.

1. Bewahrung des mündlichen Erbes:

Die nordische Mythologie wurde ursprünglich mündlich überliefert. Im 13. Jahrhundert begannen Gelehrte wie Snorri Sturluson, diese Mythen schriftlich festzuhalten, was ihre Bewahrung ermöglichte. Dieser Schritt war entscheidend für die Erhaltung der Geschichten und Glaubensvorstellungen.

2. Historische Texte und Handschriften:

Historische Texte wie die Edda und die Sagas bieten einen reichen Schatz an Informationen über die nordische Mythologie. Diese Texte wurden über die Jahrhunderte hinweg kopiert und aufbewahrt. Die Erhaltung der Originalhandschriften ist von entscheidender Bedeutung, um die Authentizität der Mythen zu bewahren.

3. Archäologische Forschung:

Archäologische Ausgrabungen haben dazu beigetragen, unser Verständnis der nordischen Mythen zu vertiefen. Artefakte wie Runensteine, Amulette und Grabbeigaben geben Aufschluss über die Glaubensvorstellungen und Praktiken der damaligen Zeit.

4. Philologische Forschung:

Die philologische Forschung hat es ermöglicht, alte Texte zu übersetzen und zu interpretieren. Philologen haben die nordische Mythologie in verschiedene Sprachen übersetzt, was den Zugang zu diesen Mythen für ein breiteres Publikum ermöglicht.

5. Forschungseinrichtungen und Akademiker:

Universitäten und Forschungseinrichtungen widmen sich der Erforschung der nordischen Mythologie. Akademiker aus verschiedenen Disziplinen, darunter Literaturwissenschaftler, Historiker und Anthropologen, haben zur Vertiefung unseres Verständnisses der Mythen beigetragen.

6. Popkultur und moderne Medien:

Die nordische Mythologie wird auch in modernen Medien, von Büchern bis hin zu Filmen, ausführlich behandelt. Diese kreative Interpretation trägt dazu bei, die Mythen am Leben zu erhalten und ein breiteres Publikum zu erreichen.

7. Neuheidentum und religiöse Bewegungen:

Moderne Neuheidentumsbewegungen wie das Ásatrú in Island haben die nordische Mythologie in ihre Glaubenspraxis integriert. Dies trägt dazu bei, die alten Glaubensvorstellungen und Rituale zu bewahren und weiterzugeben.

8. Bildung und Aufklärung:

Die Bildung und Aufklärung über die nordische Mythologie sind entscheidend für ihre Bewahrung. Schulen, Museen und kulturelle Organisationen tragen zur Vermittlung dieses Erbes bei.

9. Herausforderungen und Kontroversen:

Trotz der Bemühungen um den Erhalt und die Erforschung der nordischen Mythen gibt es auch Herausforderungen.
Die Diskussion über die Authentizität, die Rolle der Mythologie in der heutigen Gesellschaft und die Auseinandersetzung mit kontroversen Aspekten wie Rassismus und Extremismus sind wichtige Themen.

10. Schlussbemerkung:

Die Erhaltung und Erforschung der nordischen Mythen sind von großer Bedeutung, um unser kulturelles Erbe zu bewahren und unser Verständnis für die Geschichte und die Glaubensvorstellungen vergangener Zeiten zu vertiefen. Diese Bemühungen tragen dazu bei, die nordische Mythologie am Leben zu erhalten und ihre Bedeutung für die moderne Gesellschaft zu unterstreichen.

Die Bedeutung der nordischen Mythologie in der heutigen Gesellschaft: Ein Erbe, das die Moderne inspiriert

Die nordische Mythologie, ein reiches Erbe aus der alten Welt, hat auch in der heutigen Gesellschaft eine tiefe und vielschichtige Bedeutung. In diesem ausführlichen Beitrag werden wir untersuchen, wie die nordische Mythologie in der modernen Welt weiterlebt und die Gesellschaft auf verschiedene Weisen beeinflusst.

1. Kulturelles Erbe und Identität:

Die nordische Mythologie ist ein wesentlicher Bestandteil der kulturellen Identität für viele Menschen in Skandinavien und anderen Ländern, die von den alten Germanen und Wikingern beeinflusst wurden.

Sie schafft eine Verbindung zur Vergangenheit und zur gemeinsamen Geschichte.

2. Literatur und Kunst:

Die nordische Mythologie ist eine reiche Inspirationsquelle für Literatur, Kunst und Kreativität. Autoren, Künstler und Musiker finden in den Mythen reiche Motive, die in ihren Werken verwendet werden. Sie tragen dazu bei, die Mythen in der modernen Popkultur am Leben zu erhalten.

3. Popkultur und Unterhaltung:

Die nordische Mythologie ist ein fester Bestandteil der Popkultur geworden. Filme, Fernsehserien und Videospiele greifen auf nordische Elemente zurück und erreichen so ein breites Publikum. Dies fördert das Interesse und die Neugier für die Mythen.

4. Bildung und Forschung:

Die nordische Mythologie ist ein Thema von akademischem Interesse. Historiker, Literaturwissenschaftler und Anthropologen erforschen die Mythen, um unser Verständnis der alten Kulturen und der Glaubensvorstellungen zu vertiefen.

5. Neuheidentum und spirituelle Bewegungen:

Moderne Neuheidentumsbewegungen wie das Ásatrú in Island haben die nordische Mythologie in ihre Glaubenspraxis integriert. Die Mythen werden in Rituale und Zeremonien aufgenommen, was zu einem tieferen Verständnis und zur Bewahrung der alten Glaubensvorstellungen beiträgt.

6. Mythologie und Ethik:

Die nordische Mythologie kann auch ethische und moralische Diskussionen anregen. Die Mythen thematisieren Themen wie Ehre, Mut, Zusammenarbeit und das Verhältnis zwischen Göttern und Menschen, was in der modernen Gesellschaft weiterhin relevant ist.

7. Tourismus und Identität:

Die nordische Mythologie trägt zur touristischen Anziehungskraft der nordischen Länder bei. Viele Menschen besuchen Skandinavien, um die Orte und Denkmäler zu sehen, die mit den Mythen verbunden sind. Dies stärkt das Verständnis für die Kultur und die Identität der Region.

8. Globale Relevanz:

Die nordische Mythologie hat eine globale Anziehungskraft und wird von Menschen auf der ganzen Welt studiert, verehrt und erforscht. Sie zeigt, wie kulturelle Überlieferungen über Landesgrenzen hinweg Bedeutung erlangen können.

9. Schlussbemerkung:

Die nordische Mythologie ist ein lebendiges Erbe, das in der modernen Gesellschaft an Bedeutung gewinnt. Sie verbindet Vergangenheit und Gegenwart und inspiriert Literatur, Kunst, Popkultur und spirituelle Praktiken. Ihre Bedeutung erstreckt sich weit über historische Überlieferungen hinaus und trägt zur Vielfalt und Tiefe unseres kulturellen Erbes bei.

Kapitel 9: Symbole und ihre Bedeutung

Die nordische Mythologie entstand vor mehr als tausend Jahren und hat bis heute nichts von ihrer Faszination verloren. Die alten Geschichten und Legenden sind voller Abenteuer, Heldentaten und Götter, die in der nordischen Kultur verehrt wurden. Viele der Symbole, die in diesen Geschichten vorkommen, haben bis heute eine wichtige Bedeutung und werden oft als Schmuck oder Dekoration verwendet.

Diese Symbole und viele weitere spielen eine wichtige Rolle in der nordischen Mythologie und tragen zu ihrer Faszination und Bedeutung bis heute bei.

Hier sind einige der bedeutendsten Symbole in der nordischen Mythologie:

Runen

Runen sind die alten Schriftzeichen, die in verschiedenen germanischen Kulturen und in der nordischen Mythologie verwendet wurden. Sie sind nicht nur Buchstaben, sondern haben eine tiefere Bedeutung und wurden in vielen Bereichen des Lebens eingesetzt. Dieser Artikel wird die Geschichte, Bedeutung und Verwendung von Runen in nordischen und germanischen Kulturen erläutern.

Geschichte der Runen:

Runen wurden erstmals im 2. Jahrhundert n. Chr. in germanischen Kulturen verwendet. Die älteste bekannte runische Inschrift stammt aus Dänemark. Runen entwickelten sich aus einer gemeinsamen germanischen Schrift und wurden in verschiedenen Regionen mit unterschiedlichen Varianten verwendet. Das runische Alphabet wird als "Futhark" bezeichnet, nach den ersten sechs Buchstaben.

Bedeutung der Runen:

Runen hatten eine tiefere Bedeutung und wurden nicht nur zum Schreiben von Texten verwendet. Jede Rune hatte eine spezielle symbolische Bedeutung und wurde oft in magischen oder spirituellen Praktiken eingesetzt.

Hier sind einige Beispiele:

1. Fehu (F): Symbolisiert Vieh und Reichtum, sowohl materiell als auch geistig.

2. Uruz (U): Steht für Stärke, Vitalität und körperliche Gesundheit.

3. Thurisaz (Th): Verkörpert den Widerstand gegen Chaos und Übel.

4. Ansuz (A): Wird mit Weisheit, Kommunikation und Inspiration in Verbindung gebracht.

5. Raido (R): Symbolisiert Reisen und persönliche Entwicklung.

6. Kenaz (K): Steht für Wissen und Erkenntnis.

7. Gebo (G): Symbolisiert Geschenke und Verträge.

8. Wunjo (W) Verkörpert Freude und Glück.

9. Hagalaz (H): Steht für Herausforderungen und das Unbekannte.

10. Nauthiz (N): Symbolisiert die Notwendigkeit und das Schicksal.

11. Isa (I): Verkörpert die Unveränderlichkeit und das Einfrieren von Situationen.

12. Jera (J): Steht für die Ernte und den Zyklus der Natur.

13. Eihwaz (EI): Symbolisiert die Verbindung zwischen den Welten und den Übergang.

14. Perthro (P): Verkörpert das Schicksal und das Mysterium des Lebens.

15. Algiz (Z): Steht für Schutz und Verteidigung.

16. Sowilo (S): Symbolisiert Erfolg und Siege.

17. Teiwaz (T): Verkörpert den Kriegergeist und die Ehre.

18. Berkana (B): Steht für Wachstum und weibliche Energie.

19. Ehwaz (E): Symbolisiert Bewegung und Partnerschaft.

20. Mannaz (M): Verkörpert den Menschen und das kollektive Bewusstsein.

21. Laguz (L): Steht für Wasser und Emotionen.

22. Ingwaz (NG): Symbolisiert die Fruchtbarkeit und den Abschluss.

23. Dagaz (D): Verkörpert den Neuanfang und den Tag.

24. Othala (O): Steht für Erbschaft und Zuhause.

Verwendung von Runen:

Runen wurden für verschiedene Zwecke verwendet, einschließlich Schreiben, Orakelpraktiken und magische Rituale. Ein beliebter Gebrauch war das Schreiben von Inschriften auf Gegenständen, um diesen magische Kräfte zu verleihen. Runen wurden auch zur Weissagung verwendet, indem man sie auf kleine Steine oder Holzstäbchen zeichnete und dann warf, um Antworten auf Fragen zu erhalten. Heute haben Runen eine spirituelle Bedeutung und werden von Menschen verwendet, die sich mit der nordischen Mythologie und der germanischen Kultur verbunden fühlen. Sie werden oft für Meditation, spirituelle Führung und Schutz und als Tattoomotive verwendet.

Valknut

Das Valknut, auch als "Wotansknoten" bekannt, ist ein faszinierendes Symbol in der nordischen Mythologie. Es besteht aus drei ineinander verwobenen Dreiecken, die oft in einen Kreis eingefasst sind. Dieses Symbol ist eng mit Odin, dem Göttervater, und seinem Aspekt als "Gott des Todes und der Wiedergeburt" verbunden.

Bedeutung des Valknut:

1. Tod und Wiedergeburt: Das Valknut symbolisiert den ewigen Kreislauf von Leben, Tod und Wiedergeburt. Es ist ein Symbol für die Verbindung von Vergangenheit, Gegenwart und Zukunft. Es erinnert an die Vorstellung, dass der Tod nicht das Ende, sondern der Übergang zu einer neuen Existenz ist.

2. Odin: Das Valknut wird oft mit Odin in Verbindung gebracht, da er als Herr über Leben und Tod gilt. Es steht für seine Macht, das Schicksal der Menschen zu beeinflussen und Seelen ins Jenseits zu geleiten.

3. Schutz: Das Symbol wird auch als Schutzzeichen interpretiert. Es soll vor bösen Mächten und Unheil bewahren und denjenigen, der es trägt, unter Odins Schutz stellen.

4. Opfer und Rituale: Das Valknut wurde in rituellen Handlungen und Opfergaben verwendet, um die Gunst der Götter zu erlangen oder göttliche Führung zu suchen. Es war ein Symbol für Hingabe und Verehrung.

Historischer Hintergrund:

Das Valknut ist in vielen archäologischen Funden aus der Wikingerzeit zu finden, insbesondere auf Grabsteinen, Runensteinen und in religiösen Kontexten. Es ist ein Symbol, das die religiösen Überzeugungen und die Spiritualität der alten Germanen widerspiegelt.

Moderne Verwendung:

Das Valknut hat in der heutigen Zeit eine Wiederbelebung erfahren. Es wird oft als Schmuckstück getragen oder in tätowierter Form dargestellt. Menschen, die sich mit der nordischen Mythologie und Kultur verbunden fühlen, verwenden das Valknut als Zeichen ihrer spirituellen Verbundenheit.

Vegvísir

Ein "Vegvísir" (auch als "Wegweiser" oder "Wikingerkompass" bezeichnet) ist ein altes isländisches magisches Symbol, das in der nordischen Kultur und Mythologie eine bedeutende Rolle spielt. Dieses Symbol diente den Wikingern und Seefahrern als schützendes Zeichen und als Navigationshilfe auf ihren langen und gefährlichen Seereisen. Das Vegvísir wird oft als Kreis aus Runen und Symbolen dargestellt und ist von einem äußeren Ring umgeben.

Bedeutung des Vegvísir:

1. Schutz auf See: Der Hauptzweck des Vegvísir war es, den Seefahrern Schutz und sichere Navigation auf ihren Reisen zu bieten. Es sollte sicherstellen, dass sie immer den richtigen Kurs hielten und sicher nach Hause zurückkehrten.

2. Orientierung: Das Symbol diente als Wegweiser und half den Seefahrern, auch in Nebel und schlechtem Wetter die Orientierung nicht zu verlieren. Es sollte ihnen den Weg weisen und sie sicher ans Ziel bringen.

3. Magische Bedeutung: Das Vegvísir wurde oft als magisches Symbol betrachtet, das böse Geister oder Unheil abwehren konnte. Es verlieh denjenigen, die es trugen oder daran glaubten, einen gewissen Schutz.

Historischer Hintergrund:

Das Vegvísir ist in der isländischen Handschrift "Huld" aus dem 17. Jahrhundert erstmals schriftlich erwähnt. Obwohl es sich bei der Huld um ein relativ spätes Dokument handelt, wird angenommen, dass das Symbol selbst wesentlich älter ist und in der Zeit der Wikinger verwendet wurde.

Moderne Verwendung:

Heute hat das Vegvísir eine starke symbolische Bedeutung und ist in der nordischen Kultur weit verbreitet. Es wird oft als Tattoo getragen oder als Schmuckstück verwendet, um spirituelle Verbundenheit zur nordischen Mythologie und zur maritimen Geschichte auszudrücken. Es wird auch von Anhängern des modernen Asatru und von Menschen, die sich für die Wikingerzeit interessieren, geschätzt.

Kapitel 10:

keine Bilder im Buch

In dieser umfassenden Darstellung der nordischen Mythologie wurden keine Bilder oder Illustrationen verwendet. Dies wurde absichtlich vermieden, um die Freiheit zu gewährleisten, die Informationen und das Verständnis über die nordische Mythologie unabhängig von bestimmten visuellen Darstellungen zu erforschen.

Die nordische Mythologie ist eine reiche mündliche und schriftliche Tradition, die in erster Linie durch Texte, Gedichte und Prosa überliefert wurde. Illustrationen und visuelle Darstellungen sind oft moderne Interpretationen und künstlerische Repräsentationen der Mythen. Die Vielfalt und Interpretation dieser Darstellungen kann von Künstler zu Künstler variieren und unterliegt oft kulturellen und künstlerischen Einflüssen.

Wenn Sie auf der Suche nach visuellen Darstellungen der nordischen Mythologie sind, empfehlen wir, in Büchern, Museen, Kunstgalerien, Online-Ressourcen und Ausstellungen nach entsprechenden Werken zu suchen. Es gibt eine Fülle von Illustrationen, Gemälden und Skulpturen, die die nordische Mythologie lebendig werden lassen und ihre Geschichten auf visuelle Weise erzählen.

Die Auswahl und Interpretation von Bildern hängt stark von den persönlichen Vorlieben und den Anforderungen des Kontexts ab. Daher ermutigen wir Sie, Ihre eigenen Recherchen durchzuführen und die Bilder auszuwählen, die am besten zu Ihrem Verständnis und Interesse an der nordischen Mythologie passen.

Die nordische Mythologie bietet eine schier endlose Quelle von Inspiration für Künstler und Forscher gleichermaßen, und die Vielfalt der visuellen Darstellungen spiegelt die reiche Vielfalt der Mythen und Legenden selbst wider. Wir hoffen, dass dieser Überblick dazu beigetragen hat, Ihr Interesse für die nordische Mythologie zu wecken und Sie dazu inspiriert, die Welt der nordischen Mythen in all ihren facettenreichen visuellen Ausdrucksformen zu erkunden.

Danksagung

Die Vollendung dieses Buches über die nordische Mythologie wäre ohne die Unterstützung, das Wissen und die Inspiration vieler Menschen nicht möglich gewesen. An dieser Stelle möchte ich die Gelegenheit nutzen, um meinen Dank und meine Anerkennung auszusprechen:

Meiner Familie und meinen Freunden: Ihr habt mich während des gesamten Schreibprozesses ermutigt und unterstützt. Euer Glaube an mich hat mir die Kraft gegeben, dieses Buch zu vollenden.

Den Experten und Forschern: Ich möchte all jenen danken, die ihr umfangreiches Wissen über die nordische Mythologie mit der Welt geteilt haben. Eure Forschung und euer Engagement haben dazu beigetragen, dieses Buch auf einer soliden Grundlage aufzubauen.

Den Lesern dieses Buches: Ohne euch wäre dieses Buch sinnlos. Ich hoffe, dass meine Arbeit dazu beiträgt, die faszinierende Welt der nordischen Mythologie für euch zum Leben zu erwecken und euer Interesse an dieser reichen Kultur zu wecken.

Den Göttern und Göttinnen der nordischen Mythologie: Es ist meine Hoffnung, dass dieses Buch in angemessener Weise die Schönheit und Tiefe eurer Geschichten und Lehren einfängt.

Der Natur und der Welt um uns herum: Die nordische Mythologie ist eng mit der Natur verbunden, und ich möchte die Natur für die Inspiration danken, die sie mir auf meinen eigenen Reisen und Erkundungen geschenkt hat.

Dieses Buch ist das Ergebnis einer gemeinsamen Anstrengung vieler, und ich bin dankbar für die Gelegenheit, mein Wissen über die nordische Mythologie teilen zu können. Möge es dazu beitragen, die Schönheit und Bedeutung dieser alten Geschichten in unserer modernen Welt zu bewahren.

Mit herzlichem Dank und besten Grüßen,
Markus Goldbach

Anhang

Verwandte Werke

Die Welt der nordischen Mythologie hat über die Jahrhunderte hinweg zahlreiche Autoren und Künstler inspiriert, um die reichen Erzählungen, Götter, Helden und Kreaturen in unterschiedlichen Medien zu erkunden und interpretieren. Im Folgenden finden Sie eine Auswahl von verwandten Werken in Literatur, Film, Kunst und anderen Bereichen, die sich mit der nordischen Mythologie auseinandersetzen:

Literatur:

1. *Die Edda* - Eine Sammlung von altnordischen Texten, die die Mythologie und Poesie der Wikinger behandeln. Sie umfasst die "Prosa-Edda" von Snorri Sturluson und die "Lieder-Edda" mit mythologischen Gedichten.

2. *Die Nibelungensage* - Ein deutsches Epos, das von nordischen Einflüssen geprägt ist und die Geschichte von Siegfried, den Nibelungen und dem Ring der Macht erzählt.

3. *Beowulf* - Ein angelsächsisches Epos, das den Kampf des Helden Beowulf gegen das Ungeheuer Grendel und andere mythologische Wesen beschreibt.

4. *American Gods* von Neil Gaiman - Ein Roman, der moderne Götter mit den alten Göttern aus verschiedenen Mythologien, einschließlich der nordischen, in einem urbanen Setting vermischt.

Film und Fernsehen:

1. *Vikings* (Fernsehserie) - Eine historische Dramaserie, die das Leben der Wikinger, ihre Kriege und ihre Begegnungen mit der nordischen Mythologie darstellt.

2. *Thor* (Filmreihe) - Basierend auf dem Marvel-Comic, bringt die "Thor"-Reihe die nordische Mythologie in das Superhelden-Genre.

3. *Der Herr der Ringe* (Filmreihe) - Obwohl von J.R.R. Tolkien inspiriert, weist die Geschichte Parallelen zur nordischen Mythologie auf, einschließlich des Rings und des Zwergenkönigs Sauron.

Kunst:

1. Die Gemälde von John Bauer - Der schwedische Künstler John Bauer schuf eine Vielzahl von Bildern, die die nordische Mythologie und Folklore darstellen.

2. Skulpturen von Carl Milles - Der Bildhauer Carl Milles schuf beeindruckende Skulpturen von Göttern und Helden der nordischen Mythologie.

****Videospiele:*****

1. *God of War* - Dieses Videospiel entführt die Spieler in die Welt der nordischen Mythologie, während sie die Abenteuer von Kratos und seinem Sohn Atreus erleben.

2. *The Banner Saga* - Ein Rollenspiel, das von der nordischen Mythologie und der Wikingerzeit inspiriert ist.

Diese Liste ist bei Weitem nicht erschöpfend, sondern bietet einen Überblick über einige Werke, die von der nordischen Mythologie beeinflusst wurden. Die Faszination für diese alten Geschichten und Figuren hält in der modernen Welt an und inspiriert weiterhin Kreativität und Interpretation in verschiedenen Medien.

Hinweise zum Buch

Rechtliche Hinweise

Haftungsausschluss:
Die Informationen in diesem Buch über die nordische Mythologie dienen ausschließlich Bildungs- und Unterhaltungszwecken. Der Autor und der Herausgeber dieses Buchs übernehmen keine Haftung für eventuelle Fehler, Auslassungen oder Unrichtigkeiten in den bereitgestellten Informationen. Leser sollten beachten, dass die nordische Mythologie ein kulturelles Erbe ist und nicht als religiöse Anleitung oder Glaubenssystem betrachtet werden sollte.

Dieses Buch enthält möglicherweise Verweise auf externe Websites oder Ressourcen. Der Autor und der Herausgeber sind nicht verantwortlich für den Inhalt solcher externen Websites und übernehmen keine Haftung für Schäden oder Verluste, die durch den Zugriff auf solche Websites oder Ressourcen entstehen könnten.

In diesem Buch werden keine medizinischen oder gesundheitlichen Ratschläge gegeben. Leser sollten bei gesundheitlichen Fragen oder Bedenken stets qualifizierte medizinische Fachkräfte oder Experten konsultieren.